KB163682

# 영화로 보는 불륜의 사회학

「자유부인」에서 「바람난 가족」까지

# 차례
Contents

# 바람기, 가족해체 범죄의 피고?

## 대한민국은 연애 공화국

최근 한 시사주간지가 '대한민국은 연애 공화국'이라는 특집기사를 실었다. 아니, 이 땅에 살고 있는 건강한 미혼의 청춘남녀가 서로를 좀 과하게 탐하기로서니 그것이 엄숙한 시사주간지가 전격적으로 다룰만한 이슈가 된다는 말인가? 만일 이렇게 자문하는 독자가 있다면 그 또는 그녀는 확실히 순진을 가장한 내숭을 떨고 있거나 머리 아픈 사회현상에 대해 무심하기로 작정한 터일 것이다.

그러나 다소 간의 사회적 교양을 갖추고 있는 우리들은 알고 있다. 위에서 말한 연애가 미혼남녀 사이에서 이루어지는 밝은 햇살 속의 그것이 아니라는 것을. 감히 신성한 '공화국'을 수식하고 있는 '연애'란 익히 들어온 방식대로 표현하자면 유부남, 유부녀의 불륜, 보다 중립적인 용어로는 혼외정사인 것이다. 물론 연애는 낭만적 사랑이라는 개념의 울림을 간직하고 있으며 따라서 분명 정신적 차원의 교감을 전제한다. 그러므로 연애의 당사자인 유부남과 유부녀들이 자신들은 단지 플라토닉하게 만났을 뿐이라고 주장한다면 겸허하게 믿어보는 것도 좋다. 어쩌다 키스 한번 했을 뿐이라면 그것은 오히려 그들의 순수한 감정에 대한 안타까운 증거가 되는지도 모른다.

그러나 우리는 또한 알고 있다. 영화와 텔레비전, 인터넷에 성에 관련된 담론이 넘쳐흐르고 섹슈얼리티를 통해 욕망을 마케팅 하는 고도 자본사회 한국에서 섹스 없는 불륜의 존재는 이미 불가능하다는 사실을……. 결혼을 통해 섹스를 일상의 일부로 받아들인 바 있는 유부남, 유부녀들이 써내려가는 연애의 서사에서 섹스의 부재는 시작되지 못한 텍스트 혹은 미완결된 텍스트를 뜻한다. 물론 그들은 카페에 앉아 일상의 무의미와 위기의 한국경제에 관해 논할 수도 있다. 그러나 그것은 서로를 유혹하는 과정에서 반드시 거쳐야 할 나의 정체성 드러내기와 상대방 정체성 읽기 작업인 한에서만 유효하다.

보호받아야 할 개인의 사생활에 대한 과격한 단정과 결론이 부담스럽다면 카메라의 앵글을 조금 돌려보자. 푸코(Michel Foucault)가 말했듯 지식의 생산과정은 자연스럽지도 투명하지도 않다. 지식은 언제나 권력과 결합하여 대중을 통제하기 위한 담론의 네트워크를 만든다. 이 네트워크를 통해 대중은 자신들이 무엇을 알아야 하는지를 깨우치며 인식의 범위와 내용까지 지시받는다. 결국 한 개인의 정체성은 자신의 선택과 자유의지에 의해 형성된다기보다 자신이 속한 사회를 장악하고 있는 담론에 의해 구성된다고 말할 수 있다. 이렇게 본다면 대한민국과 연애 공화국을 등치시킨 시사 잡지의 기사 제목은 불륜이 한국사회를 폭넓게 물들이고 있다는 세간의 호들갑스러운 문제의식을 공유하고 있다.

그렇다. 언제부터인가 개인적인 것으로 치부되어 왔던 섹슈얼리티의 문제, 특히 불륜이라는 일탈적 행위가 공공의 담론 안에 포섭되었다. 그러나 푸코가 강조했던 담론이 사회적 구조로서 억압적 기능을 수행하는 것이라면 그것을 뒤집고자 하는 담론도 존재한다. 전복의 담론은 누군가가 의도적으로 기획한 것이 아닐 수도 있다. 하물며 그것이 섹스나 섹슈얼리티에 관련된 것인 경우, 금기를 깨는 자에게는 호된 처벌이 내려질 뿐이다. 그러므로 현실 속에서 '즐거운 사라'나 '그녀에게 나를 보내'는 남자는 '거짓말'을 하는 것으로 여겨지지 않았던가? 그러나 기표와 기의 사이의 완고한 결합에도 불구하고 사회구조의 변동에 따른 섹슈얼리티에 대한 태도 변화는 피할 수 없는 결과이다.

위의 시각에서 볼 때, 각종 매체에서 이구동성으로 외치는 일상화되고 있는 불륜과 이혼율의 증가, 그리고 그로 인한 가족 해체에 대한 우려는 거꾸로 섹슈얼리티와 그에 대한 욕망과 성적 자유의 이상화로 대중을 이끄는 측면이 있다. 담론이 현실을 구성하는 것이다. 이런 상황에서 문제가 되는 것은 자아의 해방과 성적 자유를 동일시하는 시각이다. 사실 얼핏 들여다 본 한국사회의 불륜 풍속도는 욕망의 실현을 해방으로 느끼는 것으로 재현되어 있는 듯하다.

그러나 불륜을 다룬 텍스트에는 보다 중층적인 면이 있다. 언젠가 들은 우스갯소리를 인용해 보자. 유부녀에게 연하의 애인이 있다면 그것은 금메달감이고 또래의 애인이 있다면 은메달, 연상의 애인으로 만족해야 한다면 동메달이며, 그마저도 없다면 '목메달(목을 맬 정도로 절망적인!)'이라고 한다. 결혼한 여성들 사이에서 떠도는 이와 같은 농담이 그녀들의 바람기를 직접 부추기는 따위의 기능을 하므로 금지의 블랙리스트에 올려야 한다고 주장하는 도덕주의자들이 있을지도 모른다. 그러나 '메달' 이야기는 단순하게 세태를 반영하는 것이 아니라 보다 중층적인 현실의 파열음을 보여준다.

과거 처불암 시리즈가 가부장제의 엄숙함을 희화화했던 것처럼 이 농담은 은폐된 현실을 폭로하는 면이 있기도 한 것이다. 그러나 중요한 것은 폭로자가 말하는 위치이다. 이 농담에서 폭로자는 폭로되는 대상보다 우월한 위치에 있지 않다. 여기에는 불륜에 대한 도덕적이고 윤리적 단죄가 아니라 웃음 섞인 현실 분석, 나아가 은근한 선망이 있다. 그뿐인가? 이 농담은 경쟁을 부추기기 위해 효율성에 따라 주어지는 사회적 보상체계를 이용하며 동시에 뒤집는다.

## 집 밖으로 달아나는 섹슈얼리티에 대한 궁금증

여성지의 말미 흑백 페이지를 장식하던 부부의 섹스에 관한 질문과 응답이 '나는 과연 오르가즘을 경험했던가?'였던 시절이 있었다. 의학적 지식으로 육체의 희열을 설명하고 매우 윤리적인 처방을 제시하는 담론들은 언제나 대동소이했지만 성 담론으로부터 일정하게 소외되어 있던 여성들을 위로해주었다. 그러나 공식적인 의학적 담론이 가정 내에서 '지혜롭게' 부부의 잠자리 문제를 해결하라고 독려했음에도 불구하고 이 땅의 남편들은 그 처방을 따를 의지가 없었던 것 같다. 그들이 새벽에 귀가하거나 외박하는 날마다 유흥 주점에서 젊은 여성들을 희롱하고 있었다는 증거는 없다.

산업역군으로서 그들은 직장생활로 인해 너무 피곤했을 것이고, 연이은 야근으로 피로가 배가되었을지도 모른다. 보통의 평범한 남편들은 일찍 귀가하지 못하는 이유를 서너 개쯤은 꼽을 수 있을 것이다. 접대용 술자리와 그것을 위로하는 또 다른 술자리, 동창회 같이 인맥을 유지하기 위해 투자되는 시간과 돈……, 어둡고 축축한 경로로 이루어지는 과다한 경쟁은 그들을 지치게 만들었을 것이다. 그러나 이유가 무엇이든 간에 아내들의 외로움이 깊어질수록 가정은 후발 공업국가 안에서 경제적 공동체로서의 외형만 유지한 채 표류를 시작한 것이 사실이었다.

그리고 그로부터 반 세대가 채 지나지 않아 불륜에 관한 기사나 기타 담론들은 '남편=가해자, 아내=피해자'라는 불행한 결혼과 이혼의 도식을 떠나 개인 주체의 은밀한 욕망에 집중하는 모습을 보이고 있다. 재현된 성 담론에 의하면 그 또는 그녀들이 인생의 의미를 찾기 위해, 오르가즘의 환상을 실천하기 위해 집을 나와 거리를 헤매기 시작했다는 것이다. 실제의 통계를 보면, 정말로 한국사회의 근간이 되어야 할 가정이 붕괴되고 있다는 느낌을 준다. 이런 상황에서 이제 기혼자들의 성적 자유 추구는 농담이 아니라 보다 진지한 차원에서 다루어져야 할 필요가 있다. 이것은 개인적 삶의 다양한 맥락에서 다양하게 실천되는 섹슈얼리티를 사회 해체의 진범으로 섣불리 고발하는 것보다 절박한 작업이다. 그러므로 질문은 이렇게 시작되어야 할 것이다. '과연 그 또는 그녀들이 자유로운 성 또는 그와 관련된 행위를 통해 찾는 인생의 의미란 무엇일까?' 라고.

과거에는 남편이 집을 비워도 아내는 자식들에게 미래를 걸며 지독한 살림꾼(또는 재테크 전문가)으로 가정을 지켰었다. 그들은 최소한 경제적 이해관계를 공유했던 것이다. 그들에게 인생의 의미는 중산층이 되는 것, 자식에게 보다 나은 계급적 기반을 물려주는 것이었다. 그러나 1980년대가 지나면서 보다 은밀한 개인 주체의 욕망이 그들 삶의 구체적 목표로 자리 잡기 시작했다. 물론 그 욕망의 리스트에서 자신을 사회의 구성원으로 확인시켜 주는 소비를 유지하기 위한 경제력 확보는 필수항목을 차지한다. 소비에의 욕망이 개인에 대한 자본사회의 삼투압을 보여준다면 성적 자유로 이어지는 욕망이 발생한 맥락은 어디에서 찾아야 할까? 또, 과연 성애적 욕망 또는 성적 자유의 추구라는 것이 지금 한국사회의 움직임을 정확히 이해하기 위해 사회구조 내의 어느 부분 안에서 의제화되어야 하는가?

이 글은 위와 같은 질문에 답하기 위해 광범위하게 소비되는 대중문화물인 영화를 텍스트로 삼으려 한다. 소비적 대중문화 시장의 중심부에서 영화는 이중적인 재현과 그 해석을 산출한다. 영화의 경제적 목표는 안정적 수익의 확보이다. 따라서 영화는 동시대적 대중의 감정구조를 폭넓고도 정확하게 전해야만 한다. 이 과정에서 대중추수적인 기획이 발생한다. 즉, 사회적으로 공유될 수 있는 기호들만이 영화로 재현될 수 있는 것이다. 그러나 새로운 문화를 창조하기보다 소비의 법칙에 따라 기호들의 집합을 생산하는 이와 같은 영화의 위치는 모순적이다. 무형의 감정구조는 영화로 텍스트화되는 과정에서 왜곡을 거치게 마련이다. 이 왜곡은 현실과 텍스트 사이의 불연속 또는 간극을 불러일으킨다. 불연속과 간극의 정도가 심하면 영화는 대중적으로 소비될 수 없다. 그러나 일정 정도의 불연속과 간극은 그 영화가 생산된 사회의 중층적 현실을 읽는 지표가 될 수도 있다. 즉, 성공적인 대중적 정서 전달에 성공하지 못한 영화는 텍스트를 생산한 사회의 모순을 직접화법으로 재현하는 대신 모순 그 자체로 혹은 징후적으로 재현하는 것이다. 따라서 대중적 성공 여부와 어느 정도 무관하게 적절한 독해 위치와 관점을 선택한다면 대중영화는 한국 사회를 읽는 최적의 텍스트가 된다. 특히 대중영화는 일탈적인 것으로 여겨지는 종류의 남녀관계를 상업적 기획의 핵심인 선정적 소재로 이용한다는 점에서 유용한 텍스트가 아닐 수 없다.

이 글에는 예정된 답이 없다. 물론 질문 자체에도 글 쓰는 나 자신의 세계관이 반영되어 있을뿐더러 텍스트의 선정 자체가 일정한 내러티브를 전제하고 있는 것이 사실이다. 그러나 선정된 영화에 대한 사유는 순차적으로 이루어진 것이 아니며 오랜 시간을 두고 단편적으로 형성되어 온 것이므로 단일한 의도에서 비롯된 것은 아니다. 더욱이 언론을 통해 고발 또는 고백의 형식으로 유포된 불륜에 대한 체계적 연구가 부재한 상태에서 이 글은 단지 사회적 현상을 매개로 동시대인에게 수다 떨기를 제안하는 것인지도 모르겠다. 분명한 것은 지금의 한국사회를 살아가는 많은 사람들이 남녀관계를 둘러싼 수많은 모순을 경험하고 있다는 사실이다. 그리고 그 모순은 개인 주체들에게 혼란뿐 아니라 상처를 준다. 어차피 정체성이 본질적으로 타고난 개인적 특성이 아니라 각각의 생애주기 속에서 사회적으로 구성되는 것이라면 감정과 현실의 접점에 대한 인식과 분석을 통해 어떻게든 혼란을 이해하고 상처를 치유해야 한다는 것이 이 글을 쓰게 된 동기임을 밝혀둔다.

# 바람난 사모님의 원조 : 「자유부인」

## 조신한 가정부인이 관능을 깨닫기까지

정비석 원작의 「자유부인」(1954, 한형모)은 소설 자체로서도 당시 한국사회에 큰 논란을 몰고 왔다. 따라서 소설의 영화화는 개봉 전부터 세간의 주목을 끌었고 예상대로 적지 않은 흥행 성공을 거두었다. 그렇다면 이 영화가 관객들에게 제공한 쾌락의 내용은 무엇이었을까? 이 질문에 답하기 위해 지금에 와서 당시의 경험적 관객에 대해 연구하기란 거의 불가능하다. 그러나 텍스트를 통해 거꾸로 추적하는 방식은 불충분한대로 주인공 선영과 그 주변인물에 대한 관객의 평가를 엿볼 수 있다는 점에서 여전히 유용하다.

영화의 주인공 선영은 대학교수의 부인이다. 다림질을 하는 아내, 뭔가 그보다 중요하다는 듯이 신문을 들여다보고 있는 남편, 누워서 공부를 하고 있는 아들이 안방에 모여 있는 모습은 당시의 한국사회가 이상화하고 있는 가정의 모습을 전형적으로 보여준다. 정확한 역할 분담이 안정된 구도를 낳는 이 첫 장면은 가부장제 이데올로기의 시각적 상응물임에 틀림없다. 한복 맵시가 아리따운 선영은 조신하게 가사를 돌보며 아들 경수에게는 살뜰한 어머니요, 남편 태연에게는 다소곳한 아내이다.

선영의 변화는 '집 밖'으로 그녀가 나서는 것에서 시작된다. 그녀는 원래 옆집에서 들려오는 음악소리를 줄여달라는 말조차 직접 건네지 않고 아들을 시킬 정도로 '집안'의 삶에 길들여진 여성이다. 그러나 가사에 보탬을 받으려고 양품점의 매니저격으로 취직을 하면서 그녀가 갖고 있던 기존의 정체성은 급격히 해체된다. 그녀의 변화는 의상으로 은유되는데 늘 입던 한복 대신 양장을 입기 시작한 것이 그것이다. 굴곡 있는 몸매와 종아리를 드러내는 그녀의 옷차림이 짙어진 화장과 더불어 일종의 관능을 뿜어내는 것은 당연하다. 누군가의 아내로서 독점되었던 그녀의 관능이 양품점에 근무하면서 남성을 포함한 많은 사람들의 시선 속에 공유되기 시작한다는 것은 도식적으로 이해하자면 한국적 여성의 정체성이 서구적 여성의 그것으로 전환되는 것을 의미한다. 이른바 한국영화에서 나타난 여성의 사회적 참여는 이렇게 공사(公私) 영역의 분리와 동서양의 차이, 여성 섹슈얼리티에 대한 이중 잣대에 의해 미리 재단되고 있다.

그렇다면 선영을 변화시키는 구체적 계기는 무엇인가? 양품점에 출근하기 직전 그녀는 우연히 동창모임에 참석한다. 동창들 가운데는 화려한 양장을 하고 있는 이들도 적지 않다. 그녀와 가장 친해 보이는 친구는 자연스럽게 담배까지 피우는 전통 파괴적 일면을 보여준다. 동창회의 주최자는 다음에 있을 모임을 고지하는데 그 모임의 내용인즉, 남편이 아닌 남자와 동반하는 댄스파티라는 것이다. 여기서 말하는 댄스란 디스코나 테크노는 아닐 터, 그렇다면 몸을 마주하고 때로 야릇한 접촉도 해야 하는 사교댄스라는 것이 당시에도 각광을 받았다는 말인가? 물론이다. 박인수라는 희대의 바람둥이 이름을 기억한다면 그가 스스로 정조를 보호하려고 하지 않았던 수많은 여성들을 유혹한 장소가 바로 카바레였음을 잊지 않았을 것이다. 박인수는 바로 1950년대의 인물이었다. 어쨌든 선영은 내색은 안했지만 내심 서양 춤을 즐기는 것을 당연하게 생각하는 친구들로 인해 적잖이 고무된다.

어느 날 그녀는 카메라를 들고 다니고 서양 음악과 춤에도 익숙한 옆집 청년에게 자연스럽게 춤을 배우게 된다. 이 자연스러움이 바로 문제이다. 별다른 갈등이 제시되지 않은 상황에서 다음 번 동창모임에 참석하고 싶다는 이유만으로 가정부인이라는 위치를 망각하고 외간 남자의 품에 안기다니…….선영의 내면은 서사 안에서 자세히 제시되어 있지 않다. 어차피 대중영화는 내면보다 행위를 다루는 것이지만 그녀의 변화는 느닷없다. 단지 한 차례의 외출이 이미 그녀를 오염시켰다고 밖에 볼 수 없는「자유부인」의 서사는 이렇게 허약하다. 이 영화는 선영의 파멸을 이미 필연적인 것으로 예정했으므로 갈등을 별로 중요하게 다루지 않는 것이다. 예를 들어 그 흔한 남편의 무능도 제시되지 않는다. 그에게 문제가 있다면 꽤나 고리타분하다는 정도이다. 그러나 어디를 봐도 그가 당시의 기준으로 봐서 평균 이상으로 권위적이거나 심지어 성적으로 억압적이라는 증거는 없다. 물론 1950년대의 사회적·윤리적 상식과 규범을 따르던 선영의 남편 태연은 아내에게 다정다감하거나 낭만적인 눈빛을 보내지 않는다. 그러나 휴전이 막 이루어진 혼란스러운 한국사회에서 남편의 생존과 사회적 지위는 일정한 기득권이었을 것임을 고려할 때, 태연과 선영의 갈등은 그들이 처한 외적 조건으로는 전혀 설명될 수 없다.

## 무엇이 선영을 억압하는가?

그렇다면 대체 억압된 현실은 무엇인가? 즉, 명백히 재현되어 있지는 않지만 미루어 짐작할 수 있는 부부의 내적 갈등은 무엇일까? 우선 남편 태연의 입장에서 생각해 보자. 선영이 바깥일을 한다는 것을 탐탁해 하지 않는 태연의 태도는 소극적이다. 그는 아내가 집 밖으로 나간다는 것을 인정하기는 싫지만 살림에 보탬이 된다는 명분마저 거부할 힘은 없다. 여성 노동력에 대한 양가적 태도라고 볼 수 있는 태연의 입장에 대부분의 남성들이 공감할 것이다. 대체로 독점적 소유욕과 따로 떼어낼 수 없는 이성에 대한 사랑의 감정이 현실적 요구와 상충될 때, 즉 사랑하는 여성이 나만을 위해 존재하기를 중지하고 둘만의 사적 공간을 벗어날 때 자연히 불안 심리가 싹튼다. 공사의 영역 분리와 성 역할 분리는 공간을 통한 남녀 차별의 은유일 뿐이지만 실제로 가정에서 벗어난 여성이 자신의 정체성을 재구성할 가능성은 반대의 경우에 비해 높을 수밖에 없다. 그러나 이 영화에서 태연의 개인적 감정은 언어화되지 않는다. 그는 그저 가부장의 기표로서만 표현될 뿐이다. 따라서 실제 행위의 담지자라기보다 이데올로기로 작용하는 그의 힘은 강력하게 행사되지 않아도 영화 서사 전체를 지배한다.

태연은 평소 알고 지내던 젊은 여성 은미와 가까워지면서도 욕망을 자제함으로써 선영과 대조적인 인물로 나온다. 그러나 억압된 재현의 구멍은 존재한다. 자신의 욕망을 사회로부터 주어진 이데올로기와 동일시하는 그에게는 개인적 공간, 좀더 노골적으로 말해 육체적 열정의 공간이 없다. 아니 그 역시 친밀함을 원한다. 그러나 은미에게도 그는 단지 '훌륭한 분'이라는 사회적 자아로서만 욕망된다. 공사의 분리, 남녀의 차별적 정체성이 강요한 개인의 실종……. 어렴풋하게나마 사회적 지위에도 불구하고 무기력해 보이는 그의 모습이 설명되는 순간이다.

그렇다면 선영에게 억압된 것은 무엇이며 그 반대급부로

15

그녀가 욕망하게 되는 것은 또 무엇인가? 앞서 언급한 태연의 결핍은 그와 아내 모두에게 억압을 불러일으킨다. 자신을 정숙한 주부로 자리매김했던 선영은 '사교 춤'이라는 서구문물을 욕망의 대체물로 인식한다. 그러나 춤은 그녀의 진짜 욕망으로 나아가기 위한 매개일 뿐이다. 점잖지만 열정이 배제된 부부관계는 전통적 현모양처 역할을 수행하는 여성을 요구하면서 개별 여성의 구체적 정체성을 억압한다. 개별 여성의 구체적 섹슈얼리티란 바로 그녀들 각자의 육체적 욕망과 연관된다. 마주 본 자세로 서로를 휘감고 눈빛을 교환하는 춤이야말로 억압된 여성 섹슈얼리티를 일순간이나마 해방시키는 소망의 양식이 되는 것이다. 춤은 이 영화에서 섹스의 등가물이다.

실제로 1970년대까지만 해도 춤바람난 유부녀에 대한 비판의 시각은 그녀들 각자가 정말로 춤 상대와 잠자리를 가졌는가에 대한 판단과는 무관하게 이루어졌었다. 물론 춤은 동서양을 막론하고 성적 은유이다. 일부일처제가 여성에게만 억압적으로 작용하는 사회에서 여성의 춤바람은 그녀들의 잠재적 소망, 즉 외간 남성과 통정하고자 하는 욕망의 표현일 수 있다. 「자유부인」에서 선영의 동창생들이 남편 아닌 남성들과의 댄스파티를 기획하는 것은 바로 이런 문맥에서 이해된다.

**선영의 남자들, 그들에게 사랑은 없었다**

흥미로운 것은 그녀를 유혹하는 두 남성이 재현되는 방식이다. 그녀에게 춤을 가르쳐 주는 옆집 총각을 보자. 그는 전후 열악한 노동시장에 진입하지 못한 채 실업자 상태에 있다. 선영의 친척 조카와도 모종의 관계를 맺고 있는 그는 카메라를 메고 다니며 사진을 찍고 자신을 원하는 여성들과 카바레에 드나든다. 카메라와 양주, 댄스음악, 사교춤 등 그의 성격화를 위해 등장한 시청각적 도상들은 모두 '서구적'이라는 의미를 산출한다. 서구화와 근대화를 동일한 것으로 수용하면서도 동도서기적 발상이 서구의 정신에 의심의 눈초리를 보내고 있던 당시의 상황을 환기해 보자. 서구적 기호와 그에 대한 비호의적 해석이라는 대응 관계를 전통적 도덕의 서사 안에서 정당화하는 예는 한국영화사 전반에 걸쳐 두루 나타난다. 일종의 한국적 자의식의 일부를 이루고 있다고 해도 무방할 전통과 근대, 한국적인 것과 서구적인 것의 갈등은 한국영화의 자의식에도 깊은 흔적을 남기고 있는 것이다.

또 한 가지, 생산에 직접 관련되지 않는 이 바람둥이의 생활세계는 사회적으로 용납될 수 없다. 그는 남성이지만 공적 영역에 속하지 못하고 감성의 세계에서 자신을 상품화하고 있기 때문이다. 따라서 사적 공간에 머물러 있다고 볼 수 있는 그에게는, 당연하게도, 여성들의 욕망과 긴밀히 소통할 수 있는 감정의 기술이 있다. '당신이 가장 아름답다'고 말하는 그의 언어는 유치하지만 뭇 여성들의 나르시시즘을 만족시키며 그의 몸짓은 여성 스스로 자신을 욕망의 대상으로 인식하게 하기에 유혹적이다. 선영 역시 자신에 대한 그의 숭배에 탐닉하게 된다.

선영이 일하는 양품점 사장의 남편은 어떠한가? 그는 매우 부유한 사업가이다. 매사에 능란한 그는 레스토랑에서의 식사, 아름다움에 대한 찬사 등 태연이 결코 주지 못했던 것들을 제공한다. 물질적 풍요가 주는 쾌락은 사람들을 행복하게 한다. 특히 남녀관계에서 여성들은 상대 남성이 자신을 얻기 위해 쏟아 붓는 열정이 경제적인 것을 포함할 경우 쉽게 감동한다. 그러나 그녀들에게는 물질적 풍요 자체가 아니라 그것들을 통해 자신 스스로를 욕망의 대상으로 바라볼 수 있다는 사실이 중요하다. 사물과 자신을 등치시키며 그 사물의 가치로 자신을 인식하는 물신화! 주체의 내적 기준의 결여가 초래할 공허에도 불구하고 지속적으로 증여되는 물질적 쾌락은 순간적으로는 정신마저 고양시킨다.

그리고 선영과 이 새로운 남성 사이의 직접적인 접촉은 역시 춤을 추며 이루어진다. 상대에게 온전히 헌신하는 사랑의 감정이 아니라 성적 욕망에 의해 자극된 이들의 관계는 연애 감정을 건드린다기보다 이야기의 동력으로 작용한다. 물론 자유로운 남녀의 만남이 금지되어 있던 당시의 관객에게는 그들의 은밀한 속삭임 자체가 흥분을 선사했을 테지만 이야기의 힘은 둘의 불륜을 폭로, 응징하고자 하는 쪽으로 흐른다. 이미 이데올로기적 입장은 확고하며 관객은 거기에 동의할 수밖에 없는 폐쇄적 상황이 만들어져 있는 것이다.

결국 두 사람이 저지른 행위의 결론은 간단하다. 불륜은

'키스'까지만 허용된다. 호텔방으로 들이닥친 본처에게 망신을 당한 선영은 모든 불륜의 끝이 그렇듯 몇 개의 멍 자국과 흐트러진 머리채로 남는다. 여기에 공범인 상대 남성의 위로는 없다. 그는 스스로의 자존심을 돌보기에도 빠듯하다. 진정 고독하게 맞이해야 하는 이 상황, 핑크빛 최면이 깨져 나간 자리에 형성되는 때늦은 인식!

## 죄 지은 아내, 부끄러운 어머니로 돌아오다

불륜현장을 들킨 후 선영은 눈이 내리는 밤길을 걸어 집에 도착한다. 그러나 이미 그녀의 방종을 눈치채고 있던 남편은 치욕스럽다는 듯한 태도로 그녀를 외면한다. 흐느끼는 그녀에게 쏟아지는 훈계의 말들은 그녀가 아이를 키울 자격이 없다는 결론으로 모아진다. 가부장제 사회에서는 장자를 중심으로 혈족이 승계된다. 여성이 표면상 그 가치를 인정받을 수 있는 영역은 바로 그 장자를 낳고 기르는 가정 내부이다. 선영은 그 사실을 한순간 망각함으로써 지금껏 쌓아왔던 모든 것을 잃을 위기에 놓인다. 흔히 멜로드라마에는 여성에게 피/자학적 고통을 느끼게 함으로써 처벌하는 관습적 장치가 있다. 그녀들의 고통은 영화의 서사 내에서 발생한 그 모든 것들을 너무 늦게 깨달았다는 사실에 기인하는 경우가 많다. 선영 역시 욕망의 꼭지점을 향해 달려가면서 자신에 대한 두 남성의 욕망의 본질을 깨닫지 못했으며 무엇보다도 여성의 성적 일탈에 대한 가혹한 사회적 처벌을 예감하지 못했다. 관객은 그녀들에게 가해지는 처벌을 지켜보며 현실세계의 논리인 상식의 힘을 인지하는 과정에서 지배 이데올로기의 편에 서게 된다. 그러나 「자유부인」은 처벌의 과정에 아들의 존재를 밀어 넣음으로써 선영의 미래를 다소 열어 놓는다. 이제까지 그 존재가 미미했던 경수가 대문 밖으로 뛰어나오며 울부짖는 마지막 장면은 여성의 성적 일탈에 대한 윤리와 도덕의 평가가 아직 해결되지 못했다는 점을 보여준다.

어떻든 이 영화는 선영을 가정과 사랑 모두에서 실패한 여성으로 그린다. 이 실패는 여성의 자아 구성이라는 과제가 아직 구체적인 방향을 확보하지 못한 상태를 반영한다. 선영보다 한두 세대 전을 살았던 신여성의 자유연애 담론은 에로틱한 정념을 해방시키는 기능을 했지만 동시에 사회적이고 역사적인 주체로서의 여성적 자아를 정립시키는 데까지 나아가지 못했다. 제국주의적 지배와 근대화가 동전의 양면으로 작용하던 시대적 변수가 여성에게 이중의 좌절을 가져다주었던 것이다. 개인의 해방과 사회적 각성의 불화는 비단 여성이나 남녀 관계에만 해당하는 문제는 아니다. 그러나 해방 이후 국가 주도의 거시적이고 단단한 부분의 근대화가 우선시되면서 관계와 소통이 주가 되어야 하는 위와 같은 영역은 담론 형성의 장에서 배제되었던 것이 사실이다. 「자유부인」의 결코 자유롭지 못했던 선영의 좌절은 바로 이러한 과도기적 억압의 산물이다.

# 자아를 찾는 실패한 여정 :「애마부인」

## 아름다운 아내를 외면하는 남편의 사회학

애마(愛磨)는 아름답다. 아름답다는 것은 나르시시즘과 에로티시즘이 자랄 수 있는 최상의 토양이다. 작은 얼굴과 풍만한 가슴, 가는 허리와 길쭉한 팔과 다리, 매끈한 피부와 헝클어진 듯한 긴 머리는 여성의 육체에서 물신화될 수 있는 모든 것이다. 그뿐인가? 그녀는 고상하고 부유하며 예쁜 딸도 있다. 그녀의 결정적 결핍은 남편의 육체적·정신적 부재이다.

「자유부인」에서 선영의 남편이 점잖은 학자로 재현됨으로써 암시적으로 부족한 성적 능력을 나타냈던 것과는 달리 애마의 남편은 외도에서만 흥분을 느끼는 바람기 많은 남성 섹슈얼리티를 보여준다. 매일 밤 남편의 늦은 귀가, 혹은 외박을 견디어내야 하는 애마에게 일상은 권태로운 갈등의 연속이다. 무엇보다도 그녀는 남편과 소통할 수가 없다. 잠자리에서 교태 어린 자세로 능동적 행위를 해 보아도 남편은 무심하기만 하다. '섹스 하지 않는 남편'과 '섹스를 원하는 아내'의 불안한 동거는 외형만 그럴 듯할 뿐이다.

왜 애마의 남편은 아름다운 아내를 두고 다른 여자를 탐하는 것일까? 너무도 쉬운 답이 있기는 하다. 남성은 사냥꾼의 기질을 갖고 있기 때문에 이미 포획한 사냥감에는 관심이 없다는……. 그러나 이것은 엄밀한 의미에서 불충분한 답이다. 도대체 그것이 본능이라면 왜 개인차가 생기는가? 왜 모든 남성이 바람을 피우지는 않는 것인가? 「애마부인」(1982, 정인엽)은 일단 애마의 성적 욕망과 사랑의 발견이라는 에로틱한 성장 영화적 구성을 따르고 있지만 사실 더욱 관심이 가는 부분은 아내와는 섹스하지 못하는, 끊임없이 여러 여성 사이를 부유하는 남성 섹슈얼리티의 성격이다.

영국의 사회학자 기든스(Anthony Giddens)에 의하면 성과 사랑, 에로티시즘은 역사적이고 사회적인 구성물이다. 이런 관점에서 근대로의 구조 변동 과정에 나타난 서구의 남성과 여성의 섹슈얼리티 재구성 양상을 살펴보면 '낭만적 사랑(romantic love)'이라는 개념의 형성을 둘러싸고 남녀의 현격한 차이가 발생한다. 낭만적 사랑을 규정하는 역사적 계기와 사회적 내용은 매우 중층적인 것이지만 남녀 성 역할의 명료한 구분을 그 핵심으로 제시할 수 있다. 시민 부르주아 사회에서 여성은 가정이라는 사적 영역의 관리자로서 일부일처제의 결혼으로 이루어진 사랑이라는 서사를 자기 안에 지속적으로 써 내려간다. 그녀들에게는 가정 안에서 현모양처가 되는 것이 낭만적 사랑의 과업을 완수하는 것과 동일시된다. 그러나 성 역할 분리에 기초한 서구 근대화 과정은 남성에게 공적 영역의 수호자가 되기를 종용했으므로 그들에게는 감정의 전문가가 될 기회가 주어지지 않는다. 더욱이 유아기의 트라우마(trauma), 즉 모성으로부터의 분리 경험과 거세 공포를 경험한 남성은 다시는 자기 안에 전능한 어머니/헌신의 대상으로서의 아내를 세우려들지 않는다. 이러한 남성 집단 안에서 애마의 남편과 같은 유형이 출현하는데 정신분석학적으로 말하자면 그들은 오이디푸스 콤플렉스(oedipus complex)를 제대로 극복하지 못해 지속적으로 여러 여성들과 성적 접촉을 함으로써 분리와 거세에 대한 공포를 해소하려 한다는 것이다. 기든스는 우리가 흔히 목격해 온 그들을 '에피소딕한 섹슈얼리티(episodic sexuality)'를 가진 남성으로 분류하고 그들이 결코 한 여성과 헌신적 사랑을 할 수 없다고 말한다. 그러한 남성들에게 여성은 어린 시절의 전능한 어머니처럼 너무도 위협적인 존재이므로 그녀들을 경멸해야만 자신의 정체성을 유지할 수 있다는 것이다.

애마의 남편은 기든스의 지적에 적절히 들어맞는 남성 섹슈얼리티를 보여준다. 서구적 개념을 도입하기 위해서는 지역의 차이와 함께 한국의 역사적·사회적 층위와 한국 남성의 구체적 삶의 궤적이라는 개인적 층위 사이에 구분이 주어져야 할 것이다. 일단 거시적 차원을 살펴보자. 국가 주도의 압축 근대화의 성과가 화려하게 전시되던 1970년대가 지나고 그 이면에 누적되어 온 모순들이 거친 절망의 표정으로 이 땅에 귀환한 1980년대에는 정치적 폭압과 더불어 한국사회구성체의 성격에 대한 논쟁이 봇물처럼 터져 나왔다. 확실히 1980년대는 1970년대에 대한 반작용으로서의 정치 과잉의 시대일 수밖에 없었다. 물론 십 년 단위의 시대 구분은 인식의 편의성에 노출되어 있다는 한계를 갖는다.

1980년 '서울의 봄'과 '광주민주화운동'을 민주주의의 정착으로 현실화해 내지 못한 사회적 무기력감과 전두환 정권의 경제정책이 불러온 거품 경제의 호황을 기억해 보자. 정치적 좌절감과 성장 위주의 경제가 불러온 분배의 불평등은 구조 변혁에의 의지를 강화하기도 했지만 한편으로는 물신적 사고 방식의 확장을 불러오기도 했다. 후자의 노선을 택한 한국사회의 남성 주체는 지난 시절에 비해 더욱 경쟁적인 천민자본주의의 구조 속으로 함몰될 수밖에 없었을 것이다. 눈앞에 있는 성공을 위해 공적 영역의 삶에 강박적으로 매달린 그들에게 여성과의 친밀한 의사소통은 부차적인 것이었을 가능성이 높다. 그들에게는 정당치 못한 방법을 통해서라도 영업실적을 올리는 일이 더욱 중요했을 것이며 그럴수록 개인적 삶의 피로감은 누적되었을 것이다. 이 누적된 피로감이 「애마부인」에서 남편의 성 행위 불능으로 나타난 것은 아니었을까? 즉, 공적 영역/노동력으로서의 남성이 강조되어 사적 영역/의사소통 주체로서의 남성을 억압해 그 둘 사이의 긴장과 갈등이 생산되고 그 결과로 발기부전이나 성적 기피 현상이 나타난 것은 아니었을까? 그렇다면 왜 아내가 아닌 다른 여성들과의 성관계는 가능했을까? 답은 간단하다. 이 영화에서 애마의 남편이 관계 맺는 여성들은 낭만적 사랑의 대상이 아니라 화폐를 매개로 소유하는 대상으로 암시되어 있다는 것을 상기해 보자. 서로에 대한 감정의 합일이나 자유로운 의사에 기반한 관계가 아니라 단지 자본에 의해 거래되는 관계에서 더욱 많은 여성들과 섹스를 할 수 있다는 것은, 한국사회에서 남성의 성공을 의미한다. 따라서 애마의 남편은 여성들과의 관계를 통해 공사 영역 사이의 갈등을 증발시키면서 자신의 사회적 성공을 감각적으로 확인하는 기능을 하는 것이다. 여성을 경멸적으로 대해도 무관한 이런 관계에서 남성은 여성성에 대한 불안을 느낄 필요가 없으며 결과적으로 나르시시즘에 손상을 받지 않고 정체성을 유지할 수 있게 된다.

## 이중적 가치체계 속에서 길을 잃은 여성들

폐쇄적인 남성 정체성이 구성되고 재구성되는 과정에서 그들―혹은 그들을 사랑하는 그녀들―이 상처받을 수밖에 없음은 지극히 명백하다. 그렇다면 1980년대에 30대라는 생애를 살았던 여성의 영화적 페르소나(persona)인 애마가 경험했던 욕망과 좌절의 내용을 들여다보자. 본격적인 근대화 추진 이후에 국가주의와 혼합된 서구식 교육을 받은 애마 또래의 여성들은 선영과는 또 다른 의미에서 이중의 질곡 속에 있다. 그녀들은 유교적인 가부장적 질서를 내면화시키는 국가주의가 조장되는 가운데 표면적으로는 민주주의를 이상화하는 교육을 받고 자랐다. 예전의 선영이 유교적 질서를 가치판단의 근거로 삼다가 폭격을 맞은 것 같이 서구적 기호들 사이로 침몰했다면 이 새로운 세대는 내면 깊숙한 곳에서 전통적 가치와 서구적 가치의 갈등을 경험한다. 이것은 「자유부인」에서 선영의 내면적 성찰 부재와 그로 인한 행위의 부각으로 나타나며 「애마부인」의 경우 과도한 내면과 모순적인 자기 규율로 재현된다. 즉, 선영은 이야기 안에서 충분한 설명이 주어지지도 않은 채 춤바람 속으로 빠져드는 데 비해 애마는 명백히 드러난 남편의 잦은 외도에도 불구하고 그의 사랑을 얻기 위해 몸부림치는 분열을 보여준다.

민주주의의 짝인 서구적 근대화가 몰고 온 경험세계의 변화는 그에 걸맞게 감정의 구조 또한 조정했다. 신여성의 자유연애 담론이 사회적 현실과 비교해 관념적 급진성을 띠었다면 1960년대 이후 산업화로 인한 여성 노동력의 사회 참여는 다수 여성들의 삶의 방식을 재조정하는 구체적인 것이었다. 그녀들은 가족을 위해 노동시장에 진입했으므로 관념의 차원에서는 여전히 고향의 가족과 긴밀히 연결되어 있었다. 그러나 씨족적인 질서로부터의 이탈, 공간적 독립은 그녀들에게 새로운 성찰의 길을 열어준 면도 있었다. 1970년대 한국노동운동 발생기에 나타나는 여성 노동자들의 헌신적인 투쟁은 바로 그 훌륭한 예이다. 그러나 모든 여성들이 새로운 주체성 구성의 기회를 가졌던 것은 아니다. 서구적 근대화의 관념적 생산물인 낭만적 사랑에의 몰입은 산업화가 상당히 진척된 1980년대에 들어 여성의 정체성을 수립하는 데 필수적인 요소로 자리 잡았다. 애마는 아마 1970년대부터 쏟아져 나온 하이틴 로맨스 문학을 읽으며 사춘기를 보내지 않았을까?

낭만적 사랑을 역사적 관념으로 볼 때, 그것은 바로 공사 영역의 엄격한 분리와 성차의 고정을 의미한다. 애마와 남편은 이 틀 안에 있다. 따라서 애마를 좌절시키는 요인은 낭만적 사랑에서 시작된 결혼이 남편의 외도로 내부적 붕괴 위기에 놓여 있다는 것이다. 그녀는 남편을 유혹해 보기도 하고 윽박지르기도 하고 심지어 외박도 해 보지만 그 무엇도 남편을 변화시키지 못한다. 그러던 중, 과실치사로 살인을 하게 된 남편이 수감되자 그와 애마의 새로운 관계가 시작된다. 규칙적으로 면회를 가는 애마에게 새출발할 것을 권유하는 남편은 이 역전된 상황에서도 '사랑한다'며 매달리는 아내보다 강자의 자리에 있다.

## 이혼 후의 성적 자유에서 다시 남편에게로

애마 부부의 기묘한 피가학적인 관계는 남편의 요구에 의

한 이혼으로 끝난다. 이후 애마는 첫사랑과의 우연한 만남, 연하의 남성인 동엽과의 연애를 경험한다. 같은 아파트의 위 아래층에 살게 된 옛 애인과의 만남은 정서적 그리움과는 무관하다. 특히 남자 쪽에서 절박하게 표현하는 그리움이란 육체적 욕망을 넘어서지 못한다. 그럼에도 불구하고 영화가 진행되는 내내 억압되어 폭발 직전이었던 애마의 섹슈얼리티는 바로 그에 의해 소유됨으로써 관객을 만족시킨다. 첫사랑이 그녀의 억압되었던 몸을 열어주었다면 동엽은 그녀의 황폐한 정서를 치유해 준다. 도예가를 꿈꾸는 그는 애마의 아름다움을 찬미하는 것으로 그녀의 나르시시즘을 충족시켜 준다.

그러나 애마는 우리가 알고 있는 것과는 달리 지극히 도덕적인 인물이므로 그의 사랑을 거부한다. 그를 찾아간 것 자체가 이미 유혹이면서 결정적인 순간에 시간을 지연시키는 진부한 플롯! 결국 그녀가 동엽을 받아들이는 것은 시골 친정으로 내려가 건강한 원시성을 찾은 뒤이다. 천둥번개가 몰아치는 빗속을 잠옷 바람으로 달려가는 장면은 열정적 사랑에 대한 욕망의 미장센이자 그녀의 능동적인 성욕을 최초로 표현한 것이다. 즉, 첫사랑과의 관계가 단지 몸을 열어 주었다면 자신이 감정적으로 우위에 있는 동엽과의 관계에서 그녀는 처음으로 자아와 욕망의 무의식적 합일에 이르는 것이다. 그러나 비로소 그녀가 추구해왔던 진정한 사랑에 이르렀다고 생각되는 순간 남편의 출감 소식이 전해진다.

동엽과 함께 프랑스로 떠나기로 약속했던 애마는 또다시

선택의 기로에 놓는다. 그녀가 그토록 갈구했던 낭만적 사랑을 찾았음에도 불구하고 가부장제 이데올로기는 여전히 영향력을 발휘하는 것이다. 결국 그녀는 남편의 바람기가 앞으로도 여전할 것이므로 행복을 찾아 떠나라는 친구의 권유를 듣지 않고 다시 예전의 집으로 돌아간다. 그렇다면 이것은 가족이 복원되는 해피엔딩인가? 그렇지 않다. 영화의 마지막 장면은 그야말로 모순으로 뒤섞인 한국의 가족 질서를 단적으로 드러낸다. 애마는 귀가하지 않는 남편을 기다리는 과거와 동일한 상황에 처하게 된다. 그러나 그녀는 이제 절망스러워 보이지 않는다. 그녀가 남편의 부재 기간 동안 경험한 정신적/육체적 사랑은 자신의 삶에 대한 새로운 이야기를 구성하게 했으며 이제 언제든 그 이야기는 다시 씌어질 수 있기 때문이다.

## 남성의 즐거움을 위해 창조된 여성은 결국
## 보수적 이데올로기에 봉사한다

애마는 관능적 여성성의 소유자이다. 영화를 지배하는 모든 이미지와 사운드, 서사는 그녀의 관능을 강조하고 그것에 반응하도록 조직되어 있다. 따라서 노동과 결합되게 마련인 가정이라는 생활세계의 공간은 이 영화에서는 단지 그녀가 남편이라는 이성과 갈등하며 자신의 욕망이 억눌려 있음을 감지하는 심리적 공간일 뿐이다. 멜로드라마에 흔히 등장하는 화장대와 거울, 잠 못 이루는 밤의 술 한잔, 남편의 부재 속에서 자신의 아름다운 육체에 대한 나르시스적인 욕망을 느끼는 부분은 상투적으로 애마의 정신적/육체적 외로움을 재현한다. 이 시각적 재현에서 문제가 되는 것은 단지 상투성이 아니라 그녀가 진정 자신의 처지를 절박하게 여기는 것 같아 보이지 않는다는 점이다. 애마는 항상 관객의 시선 앞에서 '몸'으로 자신의 감정을 노출시킨다. 로라 멀비(Laura Mulvey)가 말했던 남성적 응시(male gaze)에 부응하는 애마의 이미지화는 그녀를 성적으로 대상화하는 카메라와 조명, 편집과 연기에 의해 완성된다. 이렇게 해서 탄생된 애마라는 시각적 도상은 물신화를 통해 스크린 속의 여성을 안전하게 소유하려는 남성 욕망의 대응물이다. 한편 그녀가 남성과의 관계에서 느끼는 고통의 감정 표현은 '죄 지은 대상을 격하시키거나 벌을 주는' 사디즘적 남성 무의식과 연관된다. 그것은 또 달리 말하자면 멜로드라마적 감정의 과잉이다.

그렇다면 일상적으로 이루어지는 애마의 감정 표현은 어떠한가? 이것은 사회가 부과한 여성적 허위와 관계되어 있다. 여성적 허위란 아마도 '내숭'이라는, 여성에 대한 양가적 평가를 나타내는 개념과 유사할 것이다. 이를테면 이야기의 맥락을 통해 관객은 알고 있는데 남성 등장인물들은 알아채지 못하는 애마의 유혹이 그것이다. 이것은 노골적인 유혹이 아니다. 따라서 남성들은 자신이 여성에게 유혹당하고 있는 것이 아니라 자신이 능동적인 유혹자의 역할을 하고 있다고 착각한다. 그러나 실은 길고 풍성한 머리를 넘기거나 상대를 응시함으로써, 그리고 '아니오'라고 말하지 않음으로써 애마는 끊임없이 남성이 자신을 바라보게 한다. 지극히 순응적인 대상이 되어 권력을 쥐는 것은 남녀관계에서는 드문 일이 아니다. 요청도, 거절도 하지 않는 그녀는 얼마나 매력적인가? 따라서 일단 그녀를 바라 본 이상 남성들은 그녀가 자신의 기대를 완전히 충족시켜 주기 전에는 그녀에게서 눈을 뗄 수가 없다.

보다 중요한 것은 그녀와 관객 사이에서도 특별한 상호관계가 만들어진다는 것이다. 관객의 시선은 그녀를 지배하는 동시에 그녀의 포로가 된다. 이에 대해 멀비는 여성이 줄거리 내부의 남성들에게 그랬듯 관객에게도 성적 대상이 되는 것이라고 설명한다. 여성을 철저히 무력화시키는 멀비의 관점 대신 다른 생각을 해볼 수 있다. 즉, 애마는 영화를 통해 관객이 얻고자 하는 쾌락을 충족시키기 위해 연기해야 한다는 것을 알고 있지 않은가? 여기서 애마의 연기는 결국 영화 창작주체 혹은 산업주체의 전략에 다름 아니다. 이것은 지배 이데올로기의 유지와 확실히 연관되어 있지만 달리 표현하자면 애마와 관객 사이에서 이루어지는 일종의 공모관계를 뜻한다. 이와 유사한 예로 포르노 잡지나 영화에 등장하는 여성들이 남성 독자나 관객의 시선을 의식함(포르노 잡지의 경우 이것은 그녀(들)의 시선이 독자를 바라봄으로써 성취된다)으로써 '나는 당신의 욕망에 기꺼이 동참하기를 원한다'고 속삭이는 것을 들 수 있다. 즉, 무죄한 희생자나 목적 없는 음탕함은 존재하지 않는다는 것이다. 희생자처럼 보이는 여성조차 자신이 처한 상황에서 어떻게 행동하는 것이 가장 유리한 것인지 알고 있을 수 있다. 모순을 해결하기보다 사랑하는 이 미묘한 심리 역시 '원래 주어진 것'이 아니라 사회적 차원을 갖는다. 여성들은 희생자나 성적 유혹자의 역할을 자발적으로, 즐겁게 선택한 것이 아니다. 그녀들이 주어진 한계 내에서 최소한의 자원을 얻기 위해 남성과 공모하는 길을 택할 수밖에 없었다는 것을 이해하기란 그리 어렵지 않다.

「애마부인」은 소문보다 훨씬 건전한(?) 영화이다. 여기서 말하는 건전함이란 보수적인 남녀관계를 재생산하는 이데올로기와 관련된 것이다. 그러나 대중영화에는 표현된 것과 억압된 것 사이의 불균질이 분명히 존재한다. 이 영화에서도 이야기의 표면적 결말은 애마와 남편의 재결합이지만 이면에 놓여진 모순은 해결되지 않고 남아 있다. 아내에 대한 절절한 사랑을 다시 고백했던 남편은 곧 과거의 방탕한 생활로 돌아갔으며 애마 역시 예전의 그녀가 아니다. 이러한 모순적 결말은 선영의 바람기가 일방적으로 매도되기 쉬웠던 것에 비해 앞으로 벌어질 수도 있는 애마의 새로운 로맨스에 대해 공감에 기반한 개방적인 태도를 갖게 한다. 가부장적 질서의 현실적 한계는 분명하지만 그 질서가 공존을 위해 스스로를 재구성하지 않는다면 남성 주체가 만든 제도의 산물인 낭만적 사랑을 사이에 두고 남녀의 갈등은 지속될 것이다.

# 애매한 양다리 걸치기 : 「엄마에게 애인이 생겼어요」

**부부 사이에도 낭만적 사랑의 지속이 가능할까?**

1990년대 한국영화계의 장르 키워드는 '로맨틱 코미디'였다. 「결혼 이야기」에서 시작된 젊은 남녀 사이의 연애와 결혼, 갈등과 화해의 드라마는 관객들에게 일종의 동시대성을 확인시켜 주는 사실적인 측면들을 담고 있다. 동시대적 사실성이란 주로 여성적 삶의 재현에서 나타난다. 여성 관객을 주 소비층으로 하는 멜로드라마의 이러한 미덕이 그나마 1990년대의 '로맨틱 코미디'에서 돋보이는 것은 이전 영화들이 보여주었던 여성에 대한 과도한 억압에 기인한다.

1960~1970년대 여성의 사회 진출은 주로 주변적 노동 부

문에 한정되어 매춘여성을 주인공으로 한 '호스티스 영화'라는 굴절된 형태로 영화에 반영되었다. 물론 '기생관광사업'으로 명명된 1970년대의 국가적 사업에서 알 수 있듯이 매춘여성의 영화적 재현은 사회문제에 대한 일정한 반응이라고 볼 수 있다. 그러나 다수 여성의 사회적 현실, 나아가 사회적 현실과 연관된 그녀들의 심리적 리얼리티는 영화의 재현 속에서 대체로 억압되었다. 이것은 제도의 차원에서 이루어진 검열의 결과이기도 했지만 산업으로서의 대중영화가 지닌 한계이기도 했다. 일반적으로 관객은 스크린 속에서 골치 아픈 세상사를 확인하기보다 감각적 쾌락과 만나길 원한다고 가정되기 때문이다.

여성 육체의 과잉 전시가 성기적 쾌락을 강요했던 1980년대 멜로드라마의 비현실성도 위와 같은 맥락에 위치한다. 강력한 신군부의 강압적 통제는 영화가 어떤 형태로든 정치적 담론과 상관되는 것을 원치 않았다. 따라서 대중영화의 자원은 「애마부인」 시리즈와 같은 변형된 멜로나 '향토적 에로티시즘'이라는 퇴행적 과거로 소급되었다. 그러나 이러한 영화에 대한 관객의 호응은 평균 이하였다. 한국영화사는 1970년대를 '한국영화의 쇠퇴기'라 일컬으며 1980년대 역시 후반부에 등장한 소수의 영화를 제외하고는 현실 도피적이라는 비판에서 자유롭지 못한 시기였다.

따라서 전문직에 진출한 여성들의 일상을 배경으로 외형상 평등해진 남녀관계를 다루는 로맨틱 코미디는 정치적 올바름을 떠나 최소한의 동시대성을 보여주는 장르로 각광받게 된다. 이 장르에서 여성 연기자는 영화의 일상성과 연관되어 매우 중요한 기능을 한다. 즉, 비사실적 상황에 기댄 이전의 영화에서 여성 연기자가 시선의 쾌락을 위해 일면 착취적으로 소비되었다면 일상을 실어 나르는 로맨틱 코미디는 보다 직접적으로 등장인물과 관객의 공감적인 관계가 전제되어야 하는 것이다.

「엄마에게 애인이 생겼어요」(1995, 김동빈)는 로맨틱 코미디의 대표적 아이콘(icon)인 최진실이라는 연기자의 페르소나(persona)를 전면에 부각시킨 영화이다. 그녀의 상업적 매력은 귀여움 혹은 발랄함이다. 이러한 캐릭터는 백치 또는 강력한 유혹자로서 희생자나 피해자의 역할에서 벗어날 수 없었던 이전의 여성으로부터 탈출한 것이다. 그러나 중요한 것은 그녀가 대부분의 출연작에서 기존의 성 역할을 적극적으로 거부하지 않는다는 것이다. 그녀의 도발은 남성들이 충분히 통제할 수 있는, 다시 말해 남성의 지배를 전복시키지 않을 정도에 머물러 있다. 이것은 대부분의 로맨틱 코미디에서 반복된다. 남성적 사랑을 지배하고자 하는 것으로, 여성적 사랑을 존중하고 헌신하는 것으로 정의한다면 이 장르의 여성 캐릭터들은 여전히 여성적 영역으로 규정된 자리에서 자기 배역을 하고 있을 뿐이다. 어쩌면 변화한 것은 혼자서 이데올로기와 경제를 모두 떠맡기에 부담을 느끼기 시작한 남성들의 취향이 아닐까? 그들은 정치적 억압의 시대를 빠져나오면서 이제 백치 같이 무능한 여성이나 강력한 성적 유혹자인 팜므 파탈(femme fatal)과의 공존이 매우 힘겹다는 사실을 알아채기 시작한 것이다. 로맨틱 코미디의 남성 주인공들은 영리하게도 여성들에게 낭만적 사랑을 추구하는 내면적 기율을 제공하는 것이 저비용으로 가부장적 질서를 유지할 수 있다는 것을 알고 있다.

**미시족의 등장, 언제나 매력적인 여자이고 싶어요**

위와 같이 형성된 남녀관계 모델은 배타적 사랑의 완성을 목표점으로 하기는 하지만 그 과정에 협상이라는 새로운 형식을 위치시킨다. 특히 「엄마에게 애인이 생겼어요」는 '미시족'이 화제로 떠오른 시점에서 결혼 후에 발생하는 성적 긴장과 갈등이 혼외정사라는 변수와 어떻게 충돌하고 화해하는지를 보여줌으로써 우리의 관심사인 바람기의 문제에 보다 근접하고 있다.

주인공 은재는 도서 일러스트레이터이며 연애 결혼한 남편과 유치원에 다니는 딸을 둔 제법 행복한 맞벌이 주부이다. 아기자기하게 꾸며진 아파트 공간은 매끈하게 봉합된 안정된 가족 관계의 시각적 대응물이다. 한편 그녀의 남편은 권위적이지도 않고 가정사에 무관심하지도 않은 무난한 캐릭터로 변화한 남성 모델에 비교적 충실하게 재현되어 있다. 아무런 문제도 없는 것처럼 보이는 그들 일상의 작은 틈은 은재의 처녀시절을 기억하는 외환 딜러 진우의 등장에서 비롯된다. 자신의 가장 아름다웠던 날을 기억해주는 한 남자의 존재는 은재를 아련한 향수로 이끈다. 나르시스적 감성의 충족과 관련된 이와 같은 상황은 그녀에게 현실의 결핍을 일깨운다. 그것은 남편과의 지극히 일상적인 관계이다. 결혼이라는 일상의 테두리에 안착한 순간 대부분의 남성들에게 찾아오는 사냥꾼적인 본능의 퇴각은 그들을 친절하게 만들지는 모르지만 영원토록 낭만적 사랑의 주인공이고 싶은 아내를 자극하지 못한다. 더 이상 욕망의 대상이 되지 못한다는 사실을 인정하기 싫은 은재는 가정 밖의 공간에서 다시 누군가의 욕망의 대상이 될 수 있다는 사실을 인지한다.

은재와 진우의 만남은 두 가지 차원에서 정당화된다. 그 하나는 그들이 성적 욕망보다는 친밀감의 공유에 몰두한다는 것이고 또 다른 차원은 진부하지만 남편의 외도이다. 일상적인 의사소통에서 한 걸음 더 나아간 내밀한 자기고백이 가능한 관계는 두 남녀를 칙칙한 불륜이 아닌 순결한 첫사랑의 감정으로 이끌고 간다. 상대의 인생 전체가 그 작은 몸짓 하나에 실려 오는 무게를 어떻게 거부할 수 있겠는가? 그러나 은재는 가정을 지켜야 한다는 사회적 합의에서 자유롭지 못하다. 더욱이 진우 역시 회의적이기는 하지만 결혼생활을 유지하고 있는 상태이므로 둘의 응시는 육체적 결합으로 진전되기 전에 지속적으로 유보된다.

맞바람이라는 절묘한 용어가 말해주듯 여성의 혼외정사가 남편의 외도에 대한 보복적 행위라는 것이 과연 통계적 검증을 거친 언술인지는 알 수 없다. 어쨌든 이 영화에서 유보되어 오던 두 사람의 성적 접촉이 시도되는 것은 남편의 외도로 인한 은재의 심경 변화이다. 무조건 참아야 한다는 식의 윤리적 과제는 적어도 1990년대 로맨틱 코미디의 젊고 아름다운 여주인공에게는 통용되지 않는다. 바닷가에서의 산책과 대화가 앞으로 전개될 두 사람의 행위에 대한 기대를 증폭시키고 등장인물과 관객 모두가 고조된 감정 상태에 도달한다. 적어도 성적 결합은 정서의 교류를 전제로 하는 것이 바람직하며 특히 그것이 일상적 허용의 범주 밖에 존재한다면 두 사람 사이의 강력한 정서적 유대가 관계 정당화의 필요충분조건이 되어야 하기 때문이다. 이것이 혼외정사가 실제로 줄 수 있는 성적 판타지의 감정적 질량이다. 그러나 두 사람 사이의 섹스는 또다시 유보된다. 이것이 은재의 윤리의식의 발로인지 혹은 감정을 지속시키고자 하는 무의식적 전략인지는 정확히 알 수 없다. 물론 영화의 서사적 전략은 명백하다. 즉, 은재의 결혼을 유지시키는 보수적 결론을 정당화하기 위해 그녀의 몸을 훼손시키지 않는 것이다.

그러나 관객은 외국 지사로 떠나는 진우와 애틋한 이별을 하는 그녀에게서 그들의 관계가 그리 쉽게 끝날 수 없음을 본다. 결혼도 깰 수 없고 연애 감정도 포기할 수 없는 여성의 얄미운 양다리 걸치기! 이것은 이전의 영화들에서 보아왔던 남성들의 모습과 고스란히 중첩된다. 이제 유부녀의 연애는 그녀가 과도한 성적 탐닉자이거나 부부관계의 일방적 피해자라서가 아니라 관계 그 자체의 향락을 통해 자아를 보살피는 것으로 재정의되는 것이다.

그렇다면 이렇게 재정의된 결혼과 연애를 어떻게 보아야 할까? 은재가 과연 이 새로운 구도 속에서 자신의 정체성을 효과적으로 재구성해 가면서 결국 보다 나은 하나를 선택할 수 있을까? 이 영화는 양자택일을 강요하지 않는다. 아니 강요하지 못한다. 영화의 문제의식이 결혼의 폐쇄성과 사랑의 낭만성 사이에서 스스로를 감당하지 못하고 있기 때문이다. 결말은 이렇다. 제목이 암시하듯 아이의 시선을 고려한 이 영화는 결혼기념일을 매개로 부부의 화해를 이끌어낸다. 그러나 자신의 심경을 고백하는 아내에게 격렬한 분노로 대응하는 남편의 모습을 사랑이라고 불러야 할까? 그의 분노는 자신의 포획물을 탈취당한 자의 동물적 반응에 불과한 것일 가능성이 많다. 따라서 두 사람의 미래는 처음부터 다시 구축되지 않는한 양다리 걸치기 속의 한 축으로 남아 있을 가능성이 크다. 따라서 엄마, 아빠의 싸움과 화해를 지켜보는 아이의 해맑은 웃음은 '자식 때문에 산다'라는 수동적 진술이 지니는 이데올로기의 현실적 취약성을 그대로 드러낸다.

## 몸으로 시작해서 영혼의 동반자로

이 영화에는 은재-진우 외에 윤수-창세 커플이 등장한다. 감독은 이들에게 주인공 커플이 이데올로기적 순결성을 지키게 하기 위해 지속적으로 억압했던 불륜의 성적 측면을 부과한다. 처음부터 에로틱한 열정으로 출발한 이들의 관계는 정서적 유대보다는 육체적 친밀성에 의존한다. 그들이 취하는 야한 포즈와 체위, 흥분의 사실적 재현은 확실히 상업적 전략의 산물이다. 그러나 흥미로운 것은 서로가 알고 시작한 게임이었던 둘의 관계가 점점 유대감을 확장해 간다는 것이다. 이러한 관계의 진전은 성적 합일감의 연장에서 이루어지는 솔직한 자기 고백을 기반으로 한다.

푸코(M. Foucault)에 의하면 기독교의 고해성사에서 비롯된 자기의 서사(narrative of self) 쓰기는 근대적인 성찰의 가장 핵심적인 형식이다. 은재-진우와 달리 육체적 쾌락을 위해 만났지만 진정성 있는 관계로 돌입하는 그들의 모습은 단순하게 보면 단지 성적인 것에의 몰입으로 해석될 수도 있다. 그러나 자신의 몸을 즐겁게 하고자 하는 노력에는 이미 '자아'를 돌보고자 하는 욕구가 내재되어 있다. 따라서 지속적인 몸의 쾌락은 자아에 대한 인식을 일깨우며 그것이 존재해야 할 자리를 재정립하는 것으로 발전될 수 있다. 이런 맥락에서 윤수-창세 커플은 부유한 남편과의 사랑 없는 결혼 생활과 사회경제적으로 아내에게 의존하는 발기부전의 삶을 고백하는 과정에서 몸의 쾌락을 넘어 자기의 서사를 낳고 동시에 상대의 서사에 대해 배려하게 된다.

이들 커플은 은재-진우의 관계와 달리 삶의 변화를 능동적으로 받아들인다. 그들이 가족에게 상처를 준 것은 사실이겠지만 계급적 추락과 사회적 질시라는 장애에 직면하고자 한 것을 용기라고 부르지 못할 이유가 없다. 오히려 문제가 되는 것은 사회적 한계를 과장하는 것이다. 물론 남녀관계의 형식과 내용이 사회적 영향력의 자장 안에 있는 것은 명백하다. 따라서 은재-진우, 그들의 배우자가 보여주는 모순적인 마음과 행동은 구조의 구심력이 어떻게 개인에게 작용하는지를 보여준다. 그러나 깨어진 화병을 최소한 원래의 모습대로 복원하기 위해서는 좋은 아교와 원형에 대한 완벽한 기억이 있어야 한다. 「엄마에게 애인이 생겼어요」에는 그것이 부족하다. 정상적이었던 결혼이 회의의 대상이 된 이유가 충분치 않을뿐더러 처방 역시 적절치 못한 것이다. 결혼과 불륜 사이의 양다리 걸치기, 그것은 상대에게 향하는 이기적이고 분열적인 감정을 모호한 윤리로 포장하는 것에 불과하다. 그리고 이 모호성이야말로 이 영화를 통해 들여다본 당시 한국사회의 한 단면이라고 할 수 있을 것이다.

# 우울한, 그러나 참을 수 없이 유혹적인 : 「정사」

**바람기의 또 다른 얼굴, 무채색이 내뿜는 미묘한 열정**

서른아홉은 여자에게 사형선고와 다름없는 나이이다. 젊음을 아름다움의 척도로 삼는 소비자본주의는 모성의 완숙함을 단지 낡은 것으로 치부할 뿐이다. 나이 든 여성이 광고에서 주역의 자리를 차지하는 것은 엄마로서, 주부로서의 그녀가 영양제나 청소용 세제를 구입하리라는 기대를 만족시키는 경우에만 가능하다. 남성의 매력은 사회적인 지위와 직결되기에 중년에 접어들어서도 찬양될 수 있지만 여성의 나이 듦은 여성성을 차갑해버리는 공포스러운 것이다. 「정사」(1998, 이재용)는 더 이상 젊지 않은 여성의 몸과 자아가 낭만적 사랑을 맞아 어떻게 변화하는지를 추적한 영화이다. 영화의 오프닝 장면은 회색빛 스틸이 차가운 느낌을 주는 공항에서 시작한다. 그 공간 속에 두 남녀가 있다. 이어지는 장면에서도 미학적으로는 더없이 세련된 느낌이지만 생활이 아니라 인공적인 위선의 냄새가 나는 단아한 색채와 형태들이 등장한다. 색채의 인상에 중점을 둔 이 영화의 미장센은 환희의 순간에도 과잉이 없다. 이러한 색채 설계의 효과로 등장인물들이 접하고 살아가는 객관적 현실은 물론이고 주관적 현실 역시 무채색의 정서 안에 집약된다.

주인공 서현은 냉장고에 보관할 음식을 깔끔히 정리하고 동생이 선물한 화석에서 먼지를 닦아낸다. 그녀의 휴식은 아이와 무심하게 텔레비전을 보는 것, 남편의 휴식은 자신이 아끼는 수족관을 돌보는 것이다. 아무런 대사도 없이 일상을 편집한 쇼트들은 그녀가 안방의 침대에서 부엌 등의 배선 이야기를 하는 것으로 종결된다. 시시콜콜한 이야기에 남편이 집중할 리가 없고 그는 금세 코를 골며 잠에 빠져든다. 이쯤이면 이 영화가 다루려는 주제는 이미 명백해진다. 정연하다 못해 권태로운 일상 속의 아름다운 기혼 여성, 그녀의 삶에 과연 무슨 일이 일어날 것인가?

서현은 미국에 있는 동생 지현의 전화를 받고 그녀의 약혼자 우인을 만난다. 카페의 창 밖으로 펼쳐진 초록빛 나뭇잎을 물끄러미 바라보는 서현의 모습에서 집안에 있을 때와 다른 평화로움이 느껴진다. 그리고 우인의 등장! 그는 첫 장면에서 그녀와 공항에서 마주쳤던 바로 그 남자이다. 운명적 예감을 불러일으키는 설정이다. 차양에서 떨어지는 빗방울은 그들 감정의 투명함과 함께 아슬아슬하게 맺혀 있다가 순간을 이기지 못하고 중력의 법칙에 순응하는 존재의 가냘픔을 상기시킨다. 이렇게 미세한 움직임에 대한 반응을 유도하는 것이 「정사」를 관통하는 기획이다. 행동을 최소화함으로써 평소에는 주목하지 않았던 사소한 움직임이 시각적인 파장을 몰고 오면 그것은 급격한 변화, 적지 않은 상징적 의미를 구축한다. 이것은 서현과 우인의 감정이 낮게 흐르면서도 예민한 촉각을 곤두세우고 서로에게 반응하는 과정을 매우 효과적으로 담아낸다.

한국영화사 속에서 가장 세련되고 고급스러운 불륜 영화라고나 할까? 몸을 섞는 것 자체를 강조하는 것이 아니라 미묘한 감정선과 내면의 조용한 팽창을 시각화함으로써 「정사」는 바람기에 담긴 진실에 일면 접근하고 있다. 이러한 접근방식은 여성의 바람기를 다룬 영화들이 대부분 사건 중심적이었던 것과 확연히 구분된다. 과거의 영화들이 집 밖으로 나간 여성이 어떻게 성적으로 방황하는지에 초점을 맞춘 뒤 윤리의 이름으로 그녀를 처벌하느라 행위와 사건만을 다루었다면, 혹은 로맨틱 코미디의 형식 속에서 갈등을 서둘러 봉합했다면 「정사」는 내면에의 주목을 통해 불륜의 심리적 맥락을 매우 정확히 포착하고 있는 것이다.

## 성공한 남편 뒤의 불행한 아내는 얼마나 매혹적인가?

서현의 결혼 생활이 외형에 비해 초라하다는 사실은 남편 지인들과의 모임에서 뚜렷하게 시각화된다. 성공한 건축가인 남편이 친구들과 일에 대한 이야기를 나누다가 자리를 뜨자 그의 자리는 조명을 받지 못해 어둡게 처리된다. 화면의 절반을 차지한 서현 옆의 어둠은 물리적 현존에도 불구하고 정서적으로 부재하는 남편으로 인해 외로움을 느끼는 그녀의 심리적 현실이다. 실제로 남편은 한국사회의 기준으로 볼 때 문제가 있는 사람이 아니다. 그는 단지 한국의 많은 남편들처럼 바깥일에 좀더 몰두하느라 부부 관계에 대해 골똘히 성찰해 본 적이 없을 뿐이다. 그러나 관점을 바꾸면 바로 이 부분이 큰 문제가 된다. 서현의 남편은 언젠가 결혼 생활에 문제가 있느냐는 친구의 질문에 "언제나처럼 있고, 언제나처럼 없다"고 답한다. 이렇게 무성찰적인 답이 있을까? 이 답은 남성성이 표현되는 한 측면인 과묵함의 결과로 받아들여질 수도 있겠지만 자신의 현실을 해석해낼 능력의 부재를 뜻하기도 한다. 감정과 관련된 서사의 생산에 대한 무능이 남성성의 미덕으로 치부되는 한 남녀관계에서 그 어떤 소통도 가능하리라 기대될 수 없다. 서현의 남편은 아내의 변화를 눈치채고 나서도 이러한 태도로 일관한다. 아내가 자신의 지배를 벗어날 수 없으리라는 확신이 아니고서야 어떻게 그의 태도가 이해될 수 있는가?

서현의 외로움은 그녀의 원래 성격에 기인하는 바도 있다.

그녀는 낯선 곳에서 혼자 지내본 적이 없고 새로운 것을 해볼 엄두도 내지 않으며 여행에서도 집으로 돌아올 때가 가장 좋았다는 기억을 갖고 있다. 심지어 그녀는 자동차 안에서도 따로 음악을 틀지 않는다. 그저 아무렇게나 맞추어진 주파수에서 흘러나오는 라디오 속의 목소리를 들을 뿐이다. 익숙한 것들 속에서 느끼는 안전함에 길들여진 그녀 삶의 권태는 이렇게 자족을 넘어 수동적인 것이다. 어떤 페미니스트는 서현의 수동성에 대해 불만을 토로할 수도 있을 것이다. 그러나 세계가 장구한 역사 속에서 규정해 온 여성성이 자신의 성별적 정체성을 드러내는 방식은 그렇게 다양하지 않다. 서현의 수동성은 영화적 성격 구축을 위해 다소 과장되었거나 불륜의 내면적 충격을 강조하기 위해 고안된 구조라는 느낌이 들기도 하지만 사실성을 상실하고 있는 것은 아니다.

능동적 욕망과 행위의 주체가 되는 것이 번거로운 일이라는 것을 깨닫는 순간, 피지배의 위치에 있는 존재는 다만 타인의 욕망의 대상이 되는 편을 택할 수밖에 없지 않을까? 흥미로운 것은 역설적으로 남성들이 수동적인 여성이 내뿜는 매력을 거부할 수 없다는 점이다. 여성적 정체성의 일면인 수동성은 지배하고자 하는 사랑의 관점에서 보면 수동적인 여성은 완벽한 욕망을 불러일으키는 대상이다. 서현이 유혹적인 이유가 바로 여기에 있다. 외적 아름다움에 조응하는, 결코 스스로의 의지가 아니지만, 보호받고자 하는 몸짓에의 끌림……

그렇다면 굳게 잠긴 서현의 마음을 여는 우인은 어떤 남성일까? 그 역시 남성 일반의 욕망을 공유하고 있다기보다 어린 시절에 머물러 있는 기억으로 인해 기성세대의 남성과 차별된다. 일반적 남성성으로부터의 이탈은 여성적 특질과 대화할 가능성을 높인다. 이런 맥락에서 우인의 존재는 그녀를 배타적인 자족의 세계에서 공감의 세계로 끌어낸다. 스물여덟의 우인이 열한 살이나 연상인 서현의 마음을 끈 것은 세상에 대한 무채색의 시선 때문이기도 하다. 두 사람은 우인의 신혼집을 구하러 다니다가 구멍이 난 방문을 아이가 그린 그림으로 가려놓은 것을 보게 된다. 우인은 그 상황에서 문을 잠그고 방에 숨어버린 아내를 향해 분노를 터뜨린 어떤 남편을 상상한다. 알록달록한 아이의 그림으로 잠시 숨길 수는 있지만 결코 부정할 수 없는 결혼의 황폐한 진실이 우인의 시선에 포착될 때, 아마도 서현은 자신의 모습을 들킨 듯 잠시 당황했을 것이다.

또 한 가지 우인을 짐작케 하는 단서! 그는 형의 죽음 이후 형 몫의 삶까지 강요받아왔던 탓에 아버지로부터 벗어나고 싶어한다. 아버지를 거부한다는 것은 세상의 질서를 받아들이지 않는다는 것이다. 이제 서현과 우인 사이의 공통점이 발견된다. 지극한 수동성과 격렬한 반항성이라는, 외형적으로는 다르지만 본질에 있어서는 쌍생아인 성격적 특질이다. 세상으로부터 스스로를 유폐시킨 자들이 가지는 비밀스러운 언어는 두 사람으로 하여금 서로의 전 생애를 이해할 것 같은 심리적 상황을 경험하게 한다. 젊고 열정적인 우인은 이렇게 다가온 순간을 솔직하게 받아들인다. 그리고 그것은 약혼녀의 언니에게

해서는 안 되는 금지된 행위, 가장 달콤한 성적 행위인 키스로
이어진다.

## 금기를 깨는 불륜의 에너지

자신의 속마음을 들킨 듯 괴로운 서현은 우인을 피한다. 그
러나 남편의 초대로 찾아온 그녀의 집을 찾아온 우인은 그녀
의 불행한 결혼 생활을 직감하고 더욱 적극적으로 그녀를 원
하게 된다. 규범에 길들여진 서현에 의해 유보되어 온 두 사람
의 관계가 섹스로 이어지는 것은 우인의 집에서이다. 이들이
나누는 첫 정사는 영화의 전체 기획에 충실하게 사실적인 묘
사보다 분위기의 전달에 치중한다. 서현의 옷 단추를 끄르고
가슴으로 손을 집어넣는 우인의 행위는 삽입 성교에 대한 명
백한 상징이기에 섹스 장면을 직설적으로 보여주지 않고도 페
이드 아웃(fade out)된 시간 속에서 벌어질 일을 그려볼 수 있
게 한다. 포옹한 두 사람의 숨소리도 유사한 맥락에서 사실과
상징 사이를 오간다.

이제 서현은 점점 자신의 열정을 가눌 수 없게 된다. 아들의
부탁도 잊는가 하면 시댁의 제사에서 도망치듯 빠져나와 우인
과 정사를 나누는 그녀의 모습은 열정적 사랑을 위험한 것으로
여겨온 사회규범의 기원을 짐작케 한다. 그러나 「정사」는 개인
의 실천을 강제하는 사회규범의 기원이 잘못된 것이라고 차분
하게 역설한다. 특히 남편의 가족들이 모여 있는 시댁에서 우

인에게 전화를 건 서현의 내면은 전통적 가치라는 명분이 무엇을 억압하고 있는가를 돌아보게 한다. 서현에게 제사는 철저히 남의 일이다. 상에 차려진 음식을 잡은 카메라는 전통과 규범을 말하지만 무표정하게 음식을 나르는 서현이나 다른 며느리들에게서 서로를 맺어주는 유대감은 전혀 찾아볼 수 없다. 소외감의 절정에서 그녀는 자아의 상처를 최소화하기 위해 우인을 찾은 것이다.

이렇게 기존 질서에 대한 정서적 저항에서 촉발된 두 번째 섹스는 오락실에서 이루어진다. 스트리트 파이터 게임의 화면 속에 등장하는 여전사는 평소의 서현과 대조되는 능동적 주체상을 보여주는 기능을 한다. 그리고 우인과의 섹스에서 서현은 게임 속의 그녀처럼 자기의 쾌락을 위해 온몸의 감각을 열게 된다. 게임 화면 속에서 차량이 전복되는 것은 이들이 교환하는 향락의 극치, 즉 오르가즘의 시각적 대응물로 두 사람의 보다 전면적인 만남을 예고한다. 그리고 서현은 서서히 수동성의 굴레에서 빠져나오게 된다.

「정사」의 다음 국면에는 지현이 등장한다. 그녀는 어머니 없는 자리를 대신해 온 언니에 대한 애정과 신뢰가 극진하다. 동생의 남자를 사랑하게 된 여자에게는 최악의 상황이다. 게다가 그녀들의 아버지까지 죽음을 맞는다. 적어도 상식적인 차원에서 이제 서현의 감정은 접어져야 될 듯하다. 의식을 잃고 누워 있는 병상의 아버지에게 서현은 말한다. 태어나서 처음으로 사랑하는 사람이 생겼다고, 그러나 다른 사람들이 상처받지 않도록 그를 떠나보내겠다고. 우리를 지배하는 내면의 기율은 타자와의 감정적 관계까지 관리한다. 윤리와 도덕은 지배를 위한 도구에서 출발해 상위의 선(善), 독립된 가치가 되었다. 작동원리는 은폐된 채 엄중한 구호만이 가시적으로 드러난 윤리와 도덕에서 개인은 얼마나 자유로울 수 있을까? 서현의 갈등은 이렇듯 자신에게 솔직해지는 것이 윤리를 부정하는 상황이 되는 데서 발생한다. 불륜을 다룬 영화들이 여성을 기껏해야 피해자로 그리면서 처벌해 온 관습은 개인의 욕망과 윤리가 충돌할 때 결국 승자가 누구인가를 가르쳐 준다. 여기에는 관객이 상식을 따르는 서사의 쾌락을 추구한다는 가정이 놓여 있다. 그러나 개인을 제약하는 구조의 벽이 완고하다는 것은 스스로의 취약성을 자인하는 것이기도 하다.

　결국 아버지의 죽음과 함께 우인과의 결별을 결심한 서현은 다시 일상으로 복귀한다. 남편 역시 자신이 통제하는 세계인 수족관 앞으로 돌아온다. 그러나 자신을 속박할수록 열정의 강도는 더해간다. 이제 서현은 아들의 운동시합에 가서도 집중을 못하고 학교로 우인을 부른다. 시댁에서 뛰쳐나와 오락실에서 나눈 섹스가 가부장적 질서에 대한 반발이었다면 아들을 외면하고 과학실에서 나누는 섹스는 모성신화로부터의 탈주이다. 그럼에도 불구하고 그녀는 여전히 아들과 남편, 동생이라는 가족을 합친 것이 자신이라며 같이 떠나자는 우인을 거부한다. 또다시 지연되고 억압되는 서현의 욕망은 동생이 모든 사실을 알게 되자 수동성을 떨쳐버린다. 지현은 '언니가 어떻게 이럴 수가 있어? 이제 내게 언니는 없어'라며 화석으로 수족관을 깨버린다. 화석과 수족관이 상징해 온 '혈연'과 '가족'이라는 생물학적·윤리적 가치는 이제 산산조각이 난 것이다.

너무나 많은 대가를 지불하고 나서야 서현은 비로소 떠날 수 있다. 아들이 남아 있기는 하지만 이 영화는 잠든 아들의 얼굴에 뺨을 대고 눈물을 흘리는 엄마의 모습을 보여주지 않는다. 아이를 볼모로 윤리적 거래를 해왔던 멜로드라마의 관습을 피해가려는 전략이다. 혼자서는 아무 것도 새로 시작해본 적이 없는 여자가 마흔을 앞에 두고 집을 떠난다는 것은 혁명에 가까운 행동이다. 그녀는 한국을 떠나는 비행기에 몸을 싣는다. 앞으로 도착할 그곳에 보다 많은 자유가 있을지는 의문이지만 몸과 마음을 여는 '정사'의 경험을 통해 자아를 재구성한 그녀는 분명 선구적인 여성으로 기억될만하다. 그녀의 새출발이 또다시 남성에게 의존하는 것이라는 결론을 피하기 위해 이 영화는 서로의 존재를 모른 채 같은 비행기에 탄 서현과 우인의 모습을 마지막 쇼트로 택한다.

물론 비행 중에 두 사람은 만날 수 있을 것이며 그 순간 희열에 찬 포옹을 나눌 수도 있다. 그러나 잠시 동안 한 침대를 공유했다는 사실은 또 무엇을 보증해 줄 수 있을 것인가? 서현이 계속 우인과의 새출발을 지연시킨 것은 윤리적 갈등의 측면도 있지만 한편으로는 사랑이 모든 문제의 해결이 아니라는 여성의 두려움을 반영하는 것은 아니었을까? 타자와의 강렬한 섞임을 뜻하는 정사는 자아의 경계를 지울 만큼 매혹적이지만 동시에 자아의 실종에 대한 두려움을 낳는다. 언제나 그렇지만 사랑이라는 감정과 그 육체적 결과인 정사를 경험하는 여성들의 무의식적 근심은 바로 이런 지점에서 생산되는 것이다. 「정사」의 유보적 결론은 이런 점에서 매우 사려 깊은 현실 인식을 보여준다.

# 마녀 사냥, 거세된 남성의 좌절에 대한 처방 : 「해피엔드」

## 여성 섹슈얼리티, 그 욕망의 파동

　카메라가 오피스텔의 복도를 걸어오는 여성을 잡는다. 그녀는 잠시 틈을 내 옛 애인 일범과의 정사를 즐기러 온 30대 초반의 영어학원 원장 최보라이다. 잠시 후 두 사람의 거침없는 섹스 장면이 사실적으로 재현된다. 「정사」의 섹스가 내밀한 내면의 교류였다면 「해피엔드」(1999, 정지우)의 섹스는 모든 에너지를 소진시킴으로써 해방되는 열정의 그것이다. 남성의 일방적인 배설 욕구보다는 여성의 요구가 능동적으로 개진되는 이들의 섹스는 확실히 변화된 성적 태도와 연관된다. 변화한 것은 단지 섹스라는 행위를 매개로 이루어지는 남성과 여성 사이의 권력 문제만이 아니다. 일범이 두 사람의 미래를 염두에 두는 반면 보라는 '스치듯 지나가는' 관계이기를 원한다. 이것은 남녀관계에 있어 일반적으로 상상되어 온 관계의 지속성에 관한 입장의 전도이다. 우리는 오랫동안 섹스를 매개로 하든 아니든, 일단 관계가 성립되면 여성이 남성에 비해 안정과 지속을 요구하고 남성은 또 다른 사랑을 찾아 나선다고 학습 받아왔다. 그러나 일범은 예전에 찍었던 보라의 사진이나 그녀의 연애편지까지 모두 보관하고 서로 교환했던 반지까지 지니고 있다. 이런 그의 모습은 사랑의 유일성과 영원성이라는 판타지를 소유하고자 하는 비-남성적 특질을 보여준다. 보라는 애인의 이러한 태도를 거부한다. 그녀는 그들의 시간이 오로지 현재에 머물러 있기를 원한다.

보라의 남편 민기는 전직 은행원인 실업자이다. 그의 일과는 점점 새로운 직장을 찾기 위해 이력서를 들고 다니는 것에서 헌책방에서의 로맨스 소설 읽기로 변하고 있는 중이다. 이것은 IMF 금융위기 사태 이후에 발생한 대량 실업을 영화로 끌어들인 설정이라고 볼 수 있다. '고개 숙인 남성'에 대한 사회적 차원의 염려가 개별 가정 안으로 포섭될 때 벌어질 수 있는 경우의 수는 그리 많지 않다. 그것은 대개 경제적 역할을 수행하지 못하는 남성의 모습과 중첩된다. 경제력을 잃었다는 것은 그들이 공적 영역으로부터 퇴출되었다는 것을 선언하는 것이며 이것은 곧 남성과 여성이 점하는 상징적 공간 분리가 모호해졌음을 의미한다. 따라서 공적 영역에서의 삶에 길들여져 다른 가능성을 상상할 수 없는 남성의 경우 그의 존재는 심각한 균열에 봉착한다. 민기의 균열은 미세하게 느껴지는 보라의 변화에 의해 더욱 활성화된다. 이를테면 자동차 안에서 발견된 속초행 고속도로 통행권은 아내의 물리적, 정서적인 부재 증명과도 같은 것이다. 아내의 부재는 그들의 섹스에서도 확인된다. 보라는 일범과 섹스할 때와 달리 의무적으로 침대에 누워 있다. 그녀의 행위에는 자신을 소진시키고자 하는 그 어떤 충동도 찾아볼 수 없다. 이것은 일범과 달리 단조로운 피스톤 운동만을 되풀이하는 민기의 무지함이나 무감각의 결과로도 해석될 수 있다. 섹스란 단지 성기의 공유가 아니라 그 과정을 통해 서로의 욕망을 깨어나게 하고 충족시키는 배려여야 한다. 이렇게 볼 때, 보라의 외도는 전적으로 남편의 경제적 무능에 기인한다기보다 일상 속에서 충족되지 못한 상호 주관적 공감일 수도 있다.

## 로맨스 소설을 읽는 남편

　로맨스 소설을 읽는 보라의 남편 민기는 어떻게 이해해야 하는가? 여성적 장르로 명명된 이 장르의 소설에 탐닉한다는 것은 그가 여성적 삶의 양식에 공감을 느끼고 있으며 그녀들이 추구하는 사랑의 완성을 욕망한다는 것이 아닐까? 그럴 수도 있다. 그는 가슴이 찡한 그런 소설을 찾는다. 가슴이 찡한 로맨스란 무엇인가? 그것은 상식을 뛰어넘는 사랑의 힘을 보여주는 서사일 것이다. 역사적으로 피지배자의 역할을 수행해 왔던 여성에게 로맨스 소설은 현실에서의 결핍을 채워주는 기능을 한다. 현재 자신의 곁에 있는 남성이 결코 주지 못하는 낭만적 감정의 충족이 소설 속 남성 주인공에 의해 이루어질 때, 그녀들은 현실을 상상적으로 재구성한다. 유일하고도 특별한 사랑을 완성하고자 하는 소망의 충족이 가상적인 세계 안에서 이루어지는 것이다. 그러나 단지 대리 만족만이 로맨스 소설 읽기의 성과는 아니다. 여성 독자는 로맨스 소설 읽기를 통해 사적 영역을 통제할 수 있는 감정의 전문가가 되는 훈련을 받는다고 할 수 있다.

공사의 분리와 성별 분업이 더욱 확고해진 근대 이후, 자본주의와 가부장제의 결탁이 사회 지배의 강력한 주체로 제도화되었다면 지배의 객체는 여성이었다. 그러나 지배를 공고히 하는 토대로서의 낭만적 사랑의 감정은 여성이 주도하는 것이었다. 이것은 일부일처제의 내면화된 감정적 근거로서의 낭만적 사랑을 통한 여성의 자발적 복종이다. 그러나 남성에게도 충족되어야 할 감정의 요구가 있는 법, 이제 연애나 가정 안에서의 관계를 능숙하게 다루는 기술을 획득한 여성은 남성의 감정을 통제함으로써 제도적인 수준에서의 남녀관계를 전복할 수 있는 잠재적 힘을 갖게 된 셈이다. 로맨스 소설 읽기는 이 과정에서 수많은 사례와 완결된 서사를 제공하는 교육적 텍스트인 것이다.

민기가 로맨스 소설 읽기를 통해 얻은 것도 과연 위와 같을까? 물론 텔레비전의 멜로드라마를 보고난 후 여자 후배와 통화하는 그의 모습에서 공적 영역에서 사적 영역으로 퇴출당한 남성이 그에 상응하는 정서의 변화를 경험하는 것을 알 수 있다. 그러나 그의 변화는 자발적인 것이 아니라 조건에 대한 일시적 반응은 아닐까? 그는 익숙하게 재활용 쓰레기를 손보기도 하지만 요리는 언제나 아내의 몫이다. 즉, 그의 정체감 자체는 결코 변화할 수 없는 것이다. 따라서 민기에게 로맨스는 세계를 해석하는 관점을 열어주는 것이 아니라 단지 도피적인 감정적 쾌락을 주는 것일 뿐이다. 끊임없이 유사한 맥락을 경험하며 감정을 해석하고 구성해 온 여성들에게 로맨스 소설이 지속적으로 소비되어지는 생필품과 같은 것이라면 남성인 민기에게는 추상화된 관념이자 유일한 로고스가 될 가능성이 크다. 이를테면 여성 독자는 로맨스 소설의 세계가 우연적이고 가상적인 것임을 알고 있는 데 비해 민기는 그것의 절대성을 믿는다는 것이다.

　보라의 불륜을 알게 된 후의 민기의 변화는 위와 같은 해석을 뒷받침한다. 낭만적 사랑과 결혼, 그리고 가정은 제도가 인준한 신성한 것이다. 특히 아이에 대한 절대적 모성은 민기의 아내에 대한 핵심적 요청이다. 모성은 이 영화에서 아내의 불륜을 짐작하면서도 몰래 지켜볼 수밖에 없는 남편의 자존심을 아버지의 이름으로 다시 호명하게 하는 장치가 된다. 경제권을 상실한 남성은 사회적 의미에서 거세된 존재이다. 사회적인 거세는 물리적 차원에서도 쾌락이 없는 성관계, 즉 남근이 부재한 섹스로 이어진다. 그러나 상징적/실제적 남근의 상실을 있는 그대로 인정한다는 것은 남성에게 사형선고나 다름없다. 따라서 아내의 불륜을 묵과하고 넘어가려는 민기의 태도는 권력 상실에 대한 방어일 뿐이다. 자신과 아내의 유전적 형질을 공유한 핏줄의 존재는 이 같은 방어를 정당화할 수 있는 유일한 핑계이자 최후의 전선이 된다.

## 여성과 어머니는 공존할 수 없다는 신화의 재확인

전도된 권력을 향유하고 있는 보라는 민기와 같이 가상의 제국을 세울 필요를 느끼지 못한다. 그녀에게 현실의 쾌락을 향유하는 것이 당면 과제이며 그것을 성취하기 위해 아무런 관념의 도움도 요구되지 않는다. 결국 가상 혹은 관념적 진실이란 현실의 결핍을 만회시켜 주는 약자의 상상적 보족물인 것이다. 따라서 그녀에게는 모성도 상황에 따라 조절 가능한 것이 되고 집으로 찾아온 일범을 만나기 위해, 즉 쾌락을 연장시키기 위해, 딸의 분유에 수면제를 타 넣는 일은 협상의 대상이지 절대로 저질러져서는 안 되는 금기가 아니다. 「해피엔드」는 쾌락에 대한 여성의 향유를 직설적으로 재현했다는 점에서 진보적 성격을 갖지만 그녀의 윤리의식을 모성과 연결시킴으로써 다시 후퇴한다. 이것은 아기에게 수면제를 먹이는 것이 그녀가 할 수 있는 유일한 선택이 아닐 수도 있다는 점에서 더욱 수상하다. 그녀는 아기를 데리고 일범을 만나러 나갈 수도 있었다. 따라서 그녀에게 극단적 선택을 하게 한 것은 민기의 분노를 정당화하고 나아가 관객으로 하여금 보라의 욕망을 위험한 것으로 여기게 하려는 의도의 산물이다. 여성의 육체적 욕망 또는 감정에 있어서의 여성의 우위를 전시해 온 이 영화는 갑자기 이데올로기적으로 급선회해 악녀에 대한 응징의 드라마가 된다.

딸의 갑작스런 고열로 병원에 다녀온 민기는 아내와 일범의 불륜 현장을 목격한다. 아기를 안은 채 자신의 존재를 들킬까 봐 전전긍긍하는 초라한 남성은 연민을 불러일으키기에 충분하다. 그러나 그가 다시 한번 모르는 척 돌아선 것을 「미워도 다시 한번」과 같은 모성의 멜로드라마가 여성의 침묵을 강요했던 것처럼 가슴 아프게 생각할 필요는 없다. 그의 침묵은 배신당한 남편의 그것이 아니라 알리바이를 위한 치밀한 계산에서 비롯되기 때문이다. 언젠가부터 로맨스에서 스릴러로 독서의 방향을 바꾼 이 가엾은 남편의 결정은 극단적이다. 거절당한 사랑은 분노를 일으키고 그 분노는 복수와 응징이라는 방식으로 해소되어야 한다는 논리는 배신의 로맨스 소설에서 얻은 아이디어일 것이고 스릴러는 그에게 완전범죄의 가능성을 꿈꾸게 했을 것이다.

이제 「해피엔드」 자체가 멜로드라마에서 스릴러로 이동한다. 은사의 장례에 다녀오는 것으로 알리바이를 마련한 민기는 집에서 기다리고 있다가 아내를 살해한다. 살해 도구는 일범의 집에서 훔친 잭나이프인데 흔히 칼이나 권총과 같은 무기가 남근의 상징이라는 해석을 따라가면 살해 장면은 더없이 흥미롭다. 민기가 자신의 거세를 부정하기 위해 동원한 것이 자신의 것이 아닌, 다른 남성의 남근이기 때문이다. 그는 아내의 목을 조르면서 그녀의 몸에 수없이 칼을 내리찍는데 이것은 이중적 의미를 가진다. 그 하나는 거세를 스스로 치유할 수 없는 남성의 비극적 선택이라는 것이다. 또 다른 해석은 자신을 쾌락으로 이끌었던 남근에 의해 죽음을 당하는 여성이라는 은유와 맞닿아 있다. 여성이 스스로의 육체에 제공하는 쾌락을 치명적인 위협으로 전도시키는 이러한 은유를 어떻게 받아들여야 할까? 과연 딸에게 수면제 조각을 울면서 타 먹인 모성은 이렇게 처벌받아도 되는 걸까? 답은 그렇지 않다는 것이다. 여성의 섹슈얼리티가 모성만으로 환원될 수 없듯이 허약한 모성이 곧 죄는 아니다. 불륜과 모성의 결핍이 살인을 정당화할 수는 더더욱 없다.

보라의 살해 혐의를 일범에게 씌운 민기는 용의선상에서 벗어난다. 형사들은 보라와 일범이 불륜관계임을 알고 정확한 수사보다는 일범에 대한 혐오의 감정을 노골적으로 드러냄으로써 민기와 같은 편에 선다. 딸과 함께 집으로 돌아온 민기는 미처 처리하지 못했던 증거물을 태우며 흐느끼는데 그 흐느낌이 가책 때문인지 운명의 가혹함에 대한 인식 때문인지는 알 수 없다. 그러나 집안일을 하고 아기를 재우면서 자신도 잠이 든 그의 구부러진 몸에서 완전범죄의 성공, 배신에 대한 응징이라는 '해피엔드'의 기쁨을 찾아볼 수 없다는 것은 분명하다.

그가 자신을 밀어냈던 공적 질서 안으로 재진입할 수 있을 것인지는 여전히 불투명하며 거세된 남성으로 남아있는 한 그가 원하는 남성적 '해피엔드'는 영원히 불가능하기 때문이다.

## 남성의 나르시시즘을 배반한 죄로 처벌당하는 여성

「해피엔드」는 좌절된 남성의 소망, 즉 타자인 여성의 사랑과 승인을 통해 나르시시즘을 지속시키려는 남성의 소망이 파국에 이르는 현실을 보여준다. 민기는 자신의 남성성이 파멸된 것을 모두 아내의 탓으로 돌린다. 그의 무의식은 아내가 사라지면 자신의 남성성도 회복될 것이라고 믿었을 것이다. 그러나 영화의 결말은 결코 행복하지 않다. 어쩌면 민기는 앞으로도 오랫동안 죄의식에 시달릴 것이며 자라는 딸은 아내의 모습을 상기시킬 것이다. 이것이야말로 지배를 지속시키기 위해 자신이 지배하는 타자인 여성의 시선을 지속적으로 필요로 하는 남성성의 비극이다. 비극은 일범에게도 차별을 두지 않는다. 그의 비극은 사랑하는 여성을 잃은 동시에 바로 그녀를 살해했다는 혐의를 뒤집어쓴 채 아무런 변명도 할 수 없다는 데 있다. 하긴 그 역시 공적 영역에서의 성공적 삶에서는 거리를 두고 있는 인물이었으므로 그의 언어는 스스로를 정당화시킬 권력이 없다.

「해피엔드」가 암울한 현실을 증언하고 있음에도 대중의 관심을 모은 것을 어떻게 해석할 수 있을까? 이 영화의 결론이 사실을 반영한다고 믿는 관객은 없을 것이다. 오히려 관객은 바람난 여자, 최보라의 강력하고 죄의식 없는 섹슈얼리티에서 해방감을 느꼈는지 모른다. 침대 위에서 펼쳐지는 그녀의 능동적 욕망이 일범과 소통하며 하나의 시간을 창조하는 것, 어쩌면 그것이 섹스의 해피엔드일 것이다. 그러나 보라가 단지 섹스를 최상의 가치로 받아들였다는 증거는 없다. 그녀는 끊임없이 일범과의 관계에 대해서도 회의하고 망설인다. 민기가 아내 살해를 결심한 날, 그녀는 거꾸로 일범과의 결별을 다짐했는지 모른다. 최소한 그녀가 이혼을 원했다면 불가능한 일은 아니었다.

보라가 탈출하고 싶었던 것은 민기의 경제적 무능이 아니라 헌책방 구석에서 연애소설을 읽으면서도 양복에 넥타이를 매고 다니는 그의 협소한 세계였다. 이 점은 영화 안에서 명백히 서사화되지는 않지만 결말 부분에 삽입된 모호한 장면은 보라의 판타지가 무엇이었는지 암시한다. 베란다에 나와 담배를 피우고 있던 그녀의 시선에 아래층 베란다에 달린 조등(弔燈)이 잡힌다. 어딘가에서 바람이 불어오자 조등은 그녀의 베란다로 날아든다. 죽음 또는 죽음에 대한 애도의 표현인 조등을 본 이 장면이 실제 그녀의 경험인지 혹은 판타지인지는 맥락상 파악이 불가능하다. 판타지라고 하기도 어려운 것이 이 장면은 그녀가 죽고 나서 삽입되며 앞뒤 장면은 그 어떤 설명도 하지 않기 때문이다. 감독은 과도한 처벌을 받은 그녀의 영혼을 위로하고 싶었는지도 모른다. 그러나 어떤 순간보다도

평온해 보이는 그녀의 표정에서 바람난 여자의 진실, 그녀가 진정 원했던 것을 짐작할 수는 있다. 그것은 혼자만의 시간, 서늘한 바람이 부는 어두운 베란다에 나와 아파트 광장을 바라보며 한 개비의 담배를 피우는 순간이다. 그 순간 보라의 섹슈얼리티는 아내나 모성으로 한정되지 않으며 심지어 열정적 연인을 가장할 필요도 없다. 여기서 여성의 자아라는 문제가 다시 떠오른다. 「해피엔드」는 가부장적 질서 안에 사로잡혀 퇴행적인 결론에 이르렀다는 점에서 시대착오적이라는 비판을 받아 마땅하지만 출구를 찾아 헤매는 여성의 자아가 현실과 충돌하는 지점을 포착했다는 점에서 대중영화로서의 미덕을 갖는다고 할 것이다.

# 이혼 연습, 커플 바꿔보기 : 「주노명 베이커리」

## 권태를 치유하는 처방, 그녀를 바라보는 새로운 시선

스와핑(swapping)은 1960년대 미국 캘리포니아를 중심으로 생겨났다고 알려진 풍속이다. 이 미국산 취미는 배우자를 바꿔가며 성관계를 갖는다는 점에서 비-윤리적이라고 할 수 있을 것이다. 배우자에 대한 순결의 의무가 엄연한 마당에 그나마 몰래 피운 바람이 아니라 버젓이 서로의 배우자를 바꿔가며 섹스를 하다니! 그러나 매우 선량한 시민인 우리들이 이렇게 놀라고 있는 사이, 인터넷을 통해 접선(?)한 한국 중상류층 부부들이 스와핑을 했다는 뉴스가 큰 사회적 파장을 몰고 온 적이 있었다. 연출된 사진이 아닌가, 의심스럽기는 하지만 늘

씬한 몸매를 자랑하는 젊은 사모님들의 뒷모습은 외설적인 호기심을 자아내기에 충분했다. 그런데 궁금한 것이 하나 있다. 인류가 땅에 떨어진 현실을 개탄해 마지않는 언론이 앞다투어 그 발칙한 사진을 공개한 이유는 과연 무엇일까? 그리고 그 사진이 지시하는 것, 즉 사우나의 라운지에서 찍힌 몰카(몰래카메라)가 아니라 바로 전에 남편의 승인 하에 다른 여성의 남편과 섹스를 했으리라고 짐작되는 그녀들에 대해 분노보다 호기심이 생기는 것은 왜일까? 물론 답은 간단하다. 우리는 대부분 금지된 것에 대한 욕망을 가지고 있다.

「주노명 베이커리」(2000, 박헌수)는 사실 스와핑을 다룬 영화는 아니다. 오히려 부부애의 중요성을 교훈적으로 설파하는 계몽영화에 가깝다. 그러나 목표로 삼는 서사의 방향이 어떻든 이 영화에는 두 커플의 부부가 나오고 그들은 다른 커플에 속해 있는 이성과 연애를 한다는 점에서 스와핑의 정신을 조금씩 나눠 갖고 있기도 하다. 이것은 우연을 남발하는 진부한 멜로드라마나 치정관계를 다룬 영화에 나올 수도 있는 설정이지만 한국영화의 장르 계보 안에서 이 영화는 분명 로맨틱 코미디로 취급된다는 사실을 잊어서는 안 된다.

영화에 등장하는 두 커플은 각각 노명-정희, 무석-해숙으로 앞의 두 사람은 '주노명 베이커리'를 운영하고 있고 뒤의 부부는 각각 3류 작가와 보험설계사이다. 노명과 정희는 달콤한 연애로 결혼에 골인해 아이 하나를 키우고 있으며 성실과 노력을 바탕으로 남편의 이름을 딴 빵집을 여는 꿈을 이룬, 그야말로 별다른 문제가 없는 부부이다. 그들은 신선한 빵을 집집마다 배달하는 새벽, 짬을 내 모닝 섹스를 즐길 정도로 금슬이 좋다. 그러던 어느 날, 그야말로 정확히 알 수 없는 어느 날부터 정희의 변화가 시작된다. 노명은 빵집에 나와 일을 돕는 아내의 표정에서 뭔가 중요한 것을 잃어버린 허전함을 읽는다. 빵을 굽는 예술가답게 다정다감한 노명은 아내가 잃은 밝은 표정을 되찾게 해주기 위해 고심한다. 노명이 아내의 변화에 대한 이유를 찾지 못하는 것과 마찬가지로 관객 역시 정확한 이유를 짚어낼 수가 없다. 그녀는 그저 갑자기 매일 되풀이되는 일상이 문득 권태로워진 것인가?

정희에게 웃음을 찾아준 것은 엄한 처 옆에서 남성성이 거세된 삶을 살고 있는 무석의 엉뚱한 유머이다. 우연히 빵집에 들렀다가 단골이 된 그가 던지는 말들 속에서 정희는 자신이 특별한 존재라는, 언젠가부터 잊고 있었던 사실을 깨닫게 된다. 이제서야 노명과 관객의 궁금증이 해결된다. 남편이 아닌 다른 남성의 시선, 그 시선 속에서 아직도 사랑받을 수 있는 아름다운 자신을 발견하는 것! 프로이트(Sigmund Freud)에 의하면 여아는 상징적 남근(phallus)뿐 아니라 실제 남근(penis)을 결핍하고 있다는 점에서 애초부터 박탈된 존재이다. 따라서 아버지처럼 되고자 하는 여아의 소망은 좌절될 수밖에 없는데 이 과정에서 그녀의 마음속에 남성에 대한 절망과 이상화가 뒤섞여 나타난다. 아버지처럼 될 수 없다는 사실의 깨달음은 사랑하는 능력과 관련한 여아의 욕망을 사랑받고 보호받으려는 수동적인 것과 강력하게 결합시킨다. 이렇게 보면 사랑받고자 하는 욕망의 충족으로 기쁨을 느끼는 정희의 심리상태는 쉽게 설명된다. 그러나 그녀가 남편에게서 받는 사랑 역시 결코 부족하지 않았다는 사실은 어떻게 설명되어야 하는가? 과거의 행복했던 시간을 회상하는 장면은 현재의 결핍이 무엇인가를 어렴풋이 지시한다. 그것은 아직 펼쳐지지 않은 미래에 대한 기대가 주는 충만한 감정상태이다. 그런데 노명 부부는 그들의 꿈이었던 집과 가게를 얻고 나서 역설적으로 더 이상의 별다른 자극을 얻을 수 없는 일상 속에 파묻히게 것이다. 즉, 사랑해서 결혼했고 현실적 소망을 이루었으므로 결혼 전의 판타지는 이미 완성된 것이다. 따라서 정희에게는 새로운 시작이 없는 고착된 일상이 걱정거리가 된다.

이것은 결국 성적 욕망이나 낭만적 사랑의 판타지에 의해 매개되는 여성의 자아 정체감 문제와 관련된다. 자아 정체감이란 자기가 원하는 스스로의 모습을 구성하기 위해 동원되는 상상적 현실이라고 말할 수 있다. 이 상상적 현실의 내용이 채워주는 것은 타인과 구별되는 나의 특별함이다. 특별함에의 추구는 객관적 현실을 부정하면서까지 지탱해야 하는 자아의 나르시시즘이고, 이는 끊임없이 재충전되어야 한다. 프로이트 식으로 말하자면 남성의 경우 나르시시즘은 흔히 지배하고자 하는 욕망으로 나타나며 여성의 경우는 사랑받고자 하는 욕망으로 현실화될 것이다. 단순하게 말해, 정희는 나르시시즘의 지속을 위해 이미 수명을 다한 남편의 사랑보다 새로운 감정적 자원이 필요했던 것이다.

　흥미로운 것은 노명이 질투하지 않고, 아내와 무석의 정신적 바람을 이해한다는 것이다. 맛있는 빵을 만들기 위해 가장 중요한 것이 오븐 속의 반죽이 알맞게 부풀어 오르기를 기다리는 지혜라고 말했던 것과 같이 노명은 아내에게 현재 필요한 것이 무엇인지를 알고 배려한다. 비현실적이기 이를 데 없어 보이는 그의 반응이 약간의 정당성을 얻는 것은 무석이 노명의 나르시시즘까지 만족시켜 준다는 이유 때문이다. 자신이 만든 빵을 예술이라고 상찬받은 노명은 무석에게 한없이 관대해진다. 나르시시즘의 만족은 그 만족을 주는 타인을 지배하고 있다는 판타지를 주기 때문에 더 이상 위협을 느낄 필요가 없는 것이다. 더욱이 아내와 무석은 자신의 시선이 미치는 곳에 있지 않은가?

## 낭만적 사랑은 만병통치약?

　정희와 무석의 미묘한 관계 외에 이번에는 노명과 해숙의 로맨스가 시작된다. 빵집 출입을 금지당한 무석의 금족령을 풀어주기 위해 노명이 해숙을 찾은 것이다. 보험을 들어주는 것으로 시작한 그들의 관계는 해숙의 오해로 무산될 위기에 처한다. 해숙은 처음부터 그가 보험가입을 핑계로 자신을 유혹하는 것이라고 생각해 버린다. 무능한 남편과의 결혼생활에 신물이 난 그녀는 가장으로서의 역할을 하면서, 사랑받고자 하는 여성적 욕망을 폐기해버린 터라 노명의 접근이 더욱 달갑지 않다. 그녀의 건조함은 외형상 정희의 결핍과 달라 보이지만 실상은 동일한 뿌리를 갖는다. 낭만적 사랑이 남녀의 차별적 성 역할에 기반한 것이라는 사실을 수용할 때, 해숙은 일상에서의 성 역할 전도로 인해 로맨스를 잃어버렸으며 그것이 그녀를 여성성의 결핍으로 이끈 것이라는 결론이 나온다. 자아에 대한 상상적 현실을 지속적으로 제공해 줄 수 있는 로맨스의 상실! 정희와 해숙의 공통점은 바로 이 부분에 있다.

진실을 토로할 수 없는 노명은 해숙에게 자신이 만든 빵을 선물해 그녀의 마음을 풀어주기로 결심한다. 그리고 그가 만든 빵은 점점 해숙을 감동시켜 결국은 그녀에게도 로맨스를 되찾아 준다. 이 과정 역시 정희가 겪었던 심리적 행보와 동일하다. 세상에서 하나뿐인 모양의 맛있는 빵을 만들어주는 행위는 '나는 너만을 사랑한다'는 사랑의 고백과 마찬가지로 해숙을 유일하고도 특별한 존재로 느끼게 해준다. 노명은 어느새 '난 그녀를 위해 빵을 만든다'라고 이야기하며 그의 달콤한 감정이 담긴 빵들은 날개 돋친 듯 팔려 나간다. 빵을 만들기 위해 정성을 기울이는 행위를 상대에 대한 순수한 헌신과 연결시켜 일상에서 소진된 낭만적 사랑의 감정을 일깨운다는 이 영화의 중간 결론인 셈이다.

그러나 짝을 바꿔가며 자아와 인생에 쾌락의 자양분을 공급하던 두 커플에게는 현실이라는 높은 벽이 있다. 아니 영화 밖 세상에서 현실은 오히려 붕괴되고 있지만 「주노명 베이커리」는 커플들의 제자리 찾아주기가 윤리적이라고 말한다. 노명과 정희의 심오한 반성은 금혼식을 앞둔 노인의 출현으로 심각한 전환 계기를 맞는다. 노인이 주문한 성대한 케이크를 배달하러 간 노명과 정희는 그의 부음을 접한다. 그리고 진심으로 슬퍼하는 화목한 가족들……. 부부는 문득 이제까지 공유해 왔던 삶의 무게를 깨닫는다. 인생은 언제나 달콤한 빵과 같을 수는 없는 것이다. 해숙 역시 여성성을 되찾은 시선으로 남편을 돌아본다. 거기에는 무능한 3류 작가가 아니라 예전에 진정 사랑했던 한 남자가 있다. 무석은 아내의 변화가 고마울 뿐이고 자신감을 되찾은 그가 쓴 소설은 베스트셀러가 된다.

결국 이 영화는 '좋은 게 좋은 것'이라는 결론으로 끝난다. 각자가 자신의 원래 짝을 찾아 결혼과 사랑, 인생과 성공의 의미를 성찰하며 더욱 성숙한 관계로 접어든다는 것이다. 행복한 결말을 시각적으로 재현하는 것은 유토피아적인 순간에 상응하는 화려한 파티이다. 커플 간의 배타성 대신 네 사람이 뒤엉켜 있는 파티 장면은 묘한 여운을 남긴다. 배우자에 대한 처벌이나 새로운 연인과의 육체적 접촉이 불륜의 국면 전환에 필수적인 매듭이라면 두 단계를 모두 생략하고 문득 깨달은 결혼의 소중함이란 어딘지 좀 부족한 것은 아닐까?

사랑의 감정에 이성이 환기시킨 인식이 개입될 수는 있지만 이 영화에 뚜렷한 이성적 인식이 결혼과 관련하여 새로운 주체성을 마련했다는 증거는 없다. 영화는 죽음을 맞이한 노인과 그가 매우 성실히 살아왔다는 것을 증명하는 가족의 존재가 욕망과 무관한 순수한 영역에 존재하는 영적(靈的) 진실을 일깨웠다고 주장한다. 그렇다면 무석과 해숙 커플의 깨달음은 또 어디서 왔다는 말인가?

## 결혼을 지키려던 영화, 오히려 인생의 봄날을 부추기다

대중영화는 기존 질서에 심각한 의문을 던지길 주저한다. 상식의 붕괴는 누구에게든 불쾌한 경험이기 때문이다. 그러나 한편으로 대중영화의 상업적 전략은 앞의 진술과 다소 모순적으로 사회변화의 기미를 포착해 관객이 채 언어화하지 못한 욕망의 징후를 기표화하기도 한다. 두 경향 사이의 충돌이 텍스트 내부에 명확히 드러날 수도 있고 은폐되어 있을 수도 있다. 「주노명 베이커리」는 사회적 문제로 떠오른 불륜이라는 사실을 구차한 현실로 다루기보다 로맨틱 코미디라는 장르로 포장해 예쁘장한 케이크로 만든다. 불륜과 이혼이라는 상식의 붕괴를 장르의 법칙으로 억압해 현실의 복원 혹은 화해에 이른 것이다.

그러나 두 커플이 자신의 이상화된 자아를 다른 사람의 배우자를 통해 발견했다는 사실 자체는 되돌려질 수 없다. 「애마부인」에서 애마가 동엽의 사랑을 알고도 남편에게 돌아가는 것이 제도적 억압에 대한 일시적 봉합의 제스처였던 것처럼 두 부부의 화해와 결혼의 지속을 야단스러운 파티로 자축하는 것은 관객을 잠시 안심시킬 수는 있지만 깊이 납득시키지는 못한다. 마치 두 쌍의 부부가 의사소통이 완벽히 이루어지는 이상적 공동체를 이룬 것처럼 보일 수도 있는 마지막 장면은 사실 허구이기 때문이다. 조명에 의해 환상적으로 처리된 미장센에서 이 영화의 은폐된 좌절을 읽었다면 지나친 오독일까? 그러나 성과 사랑에 관한 전복적인 선언을 하고 그것을 실천하지 않는 이상 무능한 남편이 인정받고 바람난 배우자를 용서하는, 그러면서 각 커플이 순수하고 헌신적인 관계를 재개해가는 자유롭고 평등한 세상은 이 땅에 도래하지 않는다는 것은 분명하다.

이 영화는 차라리 우발적으로 찾아온 인생의 새로운 봄을 즐기라는 은밀한 권유에 가깝다. 두 커플이 같은 동네에 살지 않아서 비밀이 유지되었다면 그들의 향기로운 로맨스는 깨어지지 않았을 것이다. 이 영화가 개봉되었던 2000년의 한국사회 구성원들이 자신을 행복하게 하는 마취제를 거부할 이유를 가부장적 질서에서 찾지 못하고 있다는 증거는 도처에 널려 있다. 수많은 남편들과 아내들이 가정 밖에서 낭만적 사랑의 쾌락을 찾으면서 수백 번도 더 마음으로 이혼을 연습하는 것, 이것이 바로 「주노멍 베이커리」가 무의식적으로 전하고 있는 진실은 아닐까?

# 정직한 오르가즘은 무죄이자 우리의 희망!
## : 「바람난 가족」

**너무나 특별하게 불합리하기에 숨 막히는 가족**

　현재 한국사회에서 가족이란 과연 무엇일까? 국민으로서 갖추어야 할 기본 덕목과 소양을 가르치는 고등학교 사회 교과서는 가족을 사회 재생산의 최소 단위이자 그 구성원들에게 없어서는 안 될 정서적 만족을 제공하는 '특별한' 공동체로 정의하고 있다. 여기서 정서적 만족이란 레비나스(Emmanuel Levinas)가 말했듯 '집에 머무는 것'을 '평정, 자기에의 돌아옴이자 또한 영접, 기다림, 인간적인 맞아줌 등의 요구에 부응하는 피난처로 돌아오듯 자기 집에 회귀하는 것'으로 느끼는 데서 오는 것이다. 정서적 측면 외에 노동현장에 항시적으로 투입될 수 있도록 만반의 준비를 갖추고 있어야 할 생산수단으로서의 인간에게 의식주를 효율적으로 소비하는 체계로서의 가족은 과연 매우 편리한 제도이다. 더욱이 가족은 합법적 성관계에 바탕을 둔 출산을 통해 자본주의가 요구하는 노동력 자체를 생산해낸다.

그러나 자아에 대한 성찰이 확대되면서 가족 구성원 간의 거리감 없는 합일은 개별적 주체의 내면을 억압하는 것으로 여겨지게 된다. 자기만의 내면적 세계의 존재는 필연적으로 타자와의 경계짓기를 불러오기 때문이다. 자아의 확장이 근대를 특징짓는 성찰적 사고와 연관된다고 할 때, 근대의 또 다른 얼굴인 자본주의 사회를 특징짓는 경쟁의 논리, 삶과 노동의 분리는 구성원들이 맺는 관계를 균열과 소외로 몰고 감으로써 재생산 기반으로서의 가족제도에 대해 회의하게 한다. 부부를 이루는 남성과 여성 사이의 성적 불만족이나 헌신의 부재, 부모와 아이(들) 사이에서의 불평등한 권력관계 등은 의사소통의 문제를 만들고 결국 한국의 가족은 정서적 소외감을 치유하기는커녕 소외의 원천이 되고 있는지도 모른다.

프랑스 혁명을 프로이트 식으로 해석해 가족 로망스의 성취로 보는 시각이 있다. 어딘가에 지금의 부모보다 훨씬 훌륭한 친부모가 있을 거라는 아이의 환상이 가부장인 루이 16세를 처형하고 공화정이라는 새 아버지를 만들어 냈다는 이러한 해석은 국가와 가족을 아우르는 인간 욕망의 역사성을 드러내 보인다. 가족은 국가와 마찬가지로 남성적 지배와 여성적 복종이 고도로 체계화된 조직이며 권력이 생산되고 실행되는 과정에 대한 문제제기를 원천봉쇄한다는 점에서 동일한 구조이다. 그렇다면 지금, 한국사회에서 점하고 있는 가족의 존재론적 위상을 점검해 보는 일은 보다 확장된 차원에서 비판적 의식을 향한 길을 터줄 수 있을 것인가?

「바람난 가족」(2003, 임상수)은 자못 심각한 이 같은 질문에 대해 위악적인 표정으로 답을 찾고 있다. 임상수 감독은 전작인 「처녀들의 저녁식사」에서도 금기시되어왔던 미혼여성의 섹스 문제를 내놓고 담론화했던 전력이 있다. 이 영화는 혼전 순결에 대한 이중 잣대가 당연시되고 있는 한국사회를 살아가는 3명의 미혼 여성이 섹스와 사랑에 대한 일률적인 답을 찾는 대신 자신의 정체성을 재조정하는 가운데 삶의 변화를 꾀하는 모습을 보여주었다. 「바람난 가족」은 저녁식사에서 수다를 끝낸 처녀들이 결혼 후에 어떤 삶을 살아갈까에 대한 궁금증에 대한 부분적인 응답이다.

**일탈적 캐릭터들의 욕망은 어디를 향하고 있을까?**

변호사인 남편 영작과 전직 무용수인 아내 호정, 실패한 실향민 작곡가 아버지 창근과 그와 함께 살면서 별로 행복해 본 적 없는 어머니 병한, 그리고 입양한 아들 수인이 하나의 가족을 구성하고 있다. 386세대로 보이는 영작은 6.25 당시 한 동네에서 일어난 이념 갈등이 부른 집단 학살 사건의 고소인 측

변호를 맡고 있다. 재판을 준비하면서 마을 주민을 상대로 하는 말을 들어보면 영작에게는 적당한 역사의식과 정의감도 있어 보인다. 그는 사회적 성공과 함께 자신의 지위를 포장할 수 있는 논리와 언변을 갖추었으니 굳이 물리적인 남성성이나 가부장적 권위에 자신의 존재를 기댈 필요도 없다. 인과관계의 줄긋기가 명확치는 않지만 그는 아버지를 존경하지 않는다. 아들도 입양한 처지이다. 그야말로 생물학적 관계의 불합리한 *끈끈함*으로부터 벗어나 있는 것이다.

그러나 이러한 상황 탓에 그는 외롭다. 사실 이 외로움은 자기에의 충실로 이어져 그 안에서 다시 다른 가족 구성원을 포용하는 토대가 될 수도 있다. 그러나 술과 여자도 흔한 '대한민국, 서울'에서 그가 찾을 수 있는 마취제는 너무도 많다. 폭음과 일회용 섹스가 정서적 만족 미달이라면 젊고 아름다운 여성과 연애를 즐기면 된다. 혼란스럽고 압축적인 한국의 근대화는 이 땅에 사는 사람들을 영악하게 만들어 연애의 신파는 추방된 지 오래다. 더욱이 요즘의 젊은 여성들이 갖춘 선택항목은 점점 늘어나는 추세이다. 남자를 주눅들게 하지 않는 지성과 세련되게 보일 정도의 허무주의로 무장한 매력적인 여성도 드물지 않다. 그녀들이 똑똑하다는 것은 떠나는 남자를 잡지 않을 것이기에 필요한 미덕이며 세련된 허무는 농도 짙은 감정과 섹스를 위해 나쁘지 않다. 영작은 이 모든 것에다가 인생을 보는 현명함과 직관, 섹스에의 치열함까지 갖춘 여자와 바람을 피운다. 그녀의 직업은 멋지게도 사진작가이다.

호정은 전직 무용수답게 탄탄한 몸을 갖고 있으며 아들 수인과의 관계에서는 열린 모성을 보여주기도 한다. 전화기를 통해 수다를 떨며 그녀는 자유롭던 성 생활이 결혼과 함께 막을 내렸다고 말한다. 그녀에게 결혼이란 온갖 남자들과의 성관계가 허용되어 있던 미혼과 한 남성과의 배타적 성관계만이 허용되는 기혼을 가르는 분기점이다. 그녀는 무엇보다 자신의 욕망을 능동적으로 만족시키는 데 익숙하다.

이 영화에는 그녀가 남편과의 섹스에서 오르가즘을 경험하지 못하는 장면이 나온다. 호정은 오르가즘에 이르는 자궁 내부의 포인트를 잃어버린 것 같다며 남편 앞에서 자위를 한다. 서로의 숨결에서 욕망의 호흡을 맞추며 수줍음을 가장했던 여성적 몸짓을 벗어던져 버린 그녀의 태도는 거의 생경할 정도로 사실적이다. 실제로 대부분의 부부가 영작과 호정과 같은 솔직한 성관계를 갖고 있는지는 알 수 없다. 그러나 영화적 재현만을 놓고 보았을 때,「자유부인」의 선영이 키스만으로 클라이맥스에 오르고「애마부인」의 애마가 나르시스적 환희에 젖는 모습이 지극히 가식적이었던 것에 비해 호정은 급진적일 정도로 솔직하다는 점에서 흥미를 끈다. 그녀에게 섹스는 남성에게 보이는 여성성이나 부부애의 확인이 아니라 쾌락의 추구라는 단순한 목표를 향하는 기능적인 일상의 일부이다.

영작과 호정의 관계는 낭만성을 결여하고 있다. 그런데 이 낭만성의 결여는 두 사람 관계의 특징이 아니라 이 영화 전체의 남녀관계를 가로지르는 일종의 전략인 것 같다. 낭만적 사랑은 역사적으로 남녀의 차별적 성 역할 구분의 흔적을 지울수 없다. '첫눈에 반하다', '성적인 것보다는 가족으로서의 정서적 합일을 중시하다', '여성의 모성이 강조되다' 등 낭만적 사랑이라는 감정 복합체의 함의는 다층적이다. 그러나 결국 공사 영역에 대응되는 남녀의 역할은 지배와 피지배로 귀결되는 측면이 강하므로 결코 양성 사이의 평등한 관계로 귀결되기 힘들다. 영작과 호정은 영역 분리라는 점에서는 전통적 모델을 따르고 있지만 감정의 측면에서 호정은 가족을 위한 희생이라든가, 모성신화로의 매몰과는 거리가 있는 모습을 보인다. 이들의 관계는 섹스가 가능한 친구 사이와도 같다. 학습된 결혼생활에 대한 관념으로 인해 그다지 달콤해 보이지는 않지만 관계의 이러한 성격이 두 사람을 평등하게 한다. 어쩌면 그들의 첫 만남은 낭만적 감정의 기원을 갖고 있을 것이다.

이 영화가 다루는 의제는 앞서도 말했듯 아버지로부터 승계된 권위에서 자유로운 영작이 가정 밖에서 삶을 지속시킬 의미를 찾고 있다는 것, 전직 무용수인 터라 자신의 몸을 철저히 통제할 수 있는 능력을 가진 호정이 남성으로부터 보호받는 사랑의 형식에서 자유롭다는 점이다. 낭만적 사랑이 유지되려면 여성에게 양육을 비롯해 사적 영역에서의 감정의 관리자로 책임을 과부하해야 한다. 따라서 전통적 역할을 부부가 모두 거절한다면, 특히 여성이 가정의 수호를 자아의 기획과 동일시하지 않는다면 관계에서의 낭만성은 파기된다. 근대화 이후 끊임없이 이상화되어 왔던 낭만적 사랑이 가족의 이름

아래 강화되는 대신 가족으로 묶였기 때문에 소통의 통로를 닫는 현실이야말로 현재의 한국사회가 놓인 딜레마인 것이다.

## 바람을 피우는 데도 남녀 차이가 있다

영화의 맥락상, 영작과 호정이 바람을 피우는 것은 예고된 상황이라고 할 수 있다. 나르시시즘을 유지하기 위해 혹은 내밀한 자신의 내면을 이해받기 위해 인간은 끊임없이 타자의 시선이라는 동력을 제공받아야 한다. 영작과 그의 연인은 모든 불륜이 그러하듯 성적 욕망이 계기를 이루는 관계이다. 해방감마저 느끼게 하는 그들의 행위는 그 자체로 자족적 세계를 구성하지만 서로 간의 소통은 육체적 허물없음에서 비롯된 상호 이해에 한정된다. 이것은 이를테면 자유롭고 평등한 남녀관계의 역설이다. 타자에 대한 착취적 성격이 사라진 남녀관계는 그것이 상호 헌신을 향해 지속적으로 성장하는 것일 때는 아름답다.

그러나 자아와 타자의 부분적 접촉을 자유로 착각하는 관계는 세계를 공유할 수 없다는 점에서 지극한 외로움을 줄 뿐이다. 영작의 경우를 살펴보자. 그는 애인과 섹스를 하고 술을 마실 때 발생하는 열정적 에너지로 자신의 마음을 열기는 한다. 호정이 그들의 통화를 엿듣고 말했듯 '당신이 한 사람에게라도 마음을 열 수 있으니 다행'일는지도 모른다. 미치도록 보고 싶어 달려간 그녀의 집에는 다른 젊은 남자가 와 있다. 영작의 어른스러운 연인은 그를 따라나와 포옹해 주지만 함께 있어 주지는 않는다. 자신의 과오로 아이를 잃고 아내에게도 밑바닥을 들켜버린 그의 원초적 고독은 아무도 치유해줄 수 없다. 그에게는 상대의 내면을 서로 돌보며 육체와 열정뿐 아니라 생활세계를 공유함으로써 축적된 관계가 없기 때문이다.

호정의 상황은 좀더 충격적이지만 희망적인 측면이 있다. 옆집 고등학생과 장난처럼 맺게 된 관계는 아직 성인 남성의 세계에 진입하지 않은 소년의 순수함으로 인해 상호소통이 어렵지 않다. 아이에게서 남편과는 나눌 수 없었던 감성의 상호교류를 경험한 호정은 섹스에서도 놀라운 경험, 즉 그동안 상실했던 오르가즘을 되찾는다. 그녀는 육체적 절정이 단지 동물적 메커니즘이 작동한 결과가 아니라는 것을 명확히 보여준다. 아들을 잃은 슬픔과 남편에 대한 절망이 자신을 둘러싼 외피들을 벗기자 그녀는 비로소 타자와 이룰 수 있는 투명한 소통의 극치에 다다른 것이다. 슬픔이 존재를 지배해 이기심과 지배에 대한 무의식적 욕망이 자취를 감출 때, 상대에 대한 모든 규정은 무의미하다. 이 섹스의 결과 불임이었던 호정은 임신을 한다. 자아에 대한 여성의 각성과 임신을 연결시키는 것은 지나치게 생물학적 은유이기는 하다. 그러나 아들을 잃은 그녀가 이혼 후에 혼자 아기를 낳아 기르겠다고 결심하는 것은 그 자체로 이 사회에 대한 야유라는 점에서 의미가 있다. 남성의 기득권에 의지하지 않고, 즉 그들이 베푸는 보호의 사랑을 거부하고 스스로의 힘으로 살아간다는 것은 남녀관계의 새로운 형식을 모색하기 위한 첫걸음인 것이다.

그렇다면 이들의 부모 세대인 창근과 병한의 관계는 어떠한가? 알코올 중독으로 요양소에 있는 창근은 감정적으로 누군가와 연루되어 있지 않다는 점에서 현대적(?)이다. 그러나 그가 가족과 일정한 연대감을 갖지 못하는 것은 자신의 내면에 대한 성찰의 결과라기보다 고향을 떠나온 자, 자기의 삶에서 뿌리 뽑힌 자의 자괴감을 극복하지 못한 데서 유래하는 것 같다. 외부적 상황으로 인한 가족의 상실이 새로운 가족의 형성으로 이어지지 못한 상황이랄까? 따라서 그는 아내나 아들로부터 가부장으로 대접받지 못한다. 스스로가 질서의 계승자가 되기를 포기해버린 결과이다. 며느리 호정은 그와 생물학적 관계 밖에 있음으로 해서 따뜻한 배려를 할 수 있는 유일한 인물이다.

남편과 15년 동안 섹스를 하지 못했다고 고백하는 병한에게 삶은 무엇보다도, 지루했을 것이다. 그녀는 특별히 희생적인 여성성 때문이 아니라 적당히 규범적으로 살아온 탓에 자신이 주어가 되는 문장을 쓰는 데 익숙하지 않은 평범한 여성이다.「죽어도 좋아」에서 이미 노인의 성을 다룬 적이 있지만 이 영화의 병한은 중산층의 교양 있는 노년의 여성, 즉 그만큼 규범에의 귀속성이 강한 계층과 세대의 일탈을 보여준다는 점에서 관심을 끈다. 그녀는 초등학교 동창을 만나 호텔방에서 와인과 섹스를 나누며 비로소 인생 최초로 오르가즘을 느낀다. 그리고 앞으로는 자신을 위한 삶을 살겠다고 선언한다. 병한의 선언은 남편의 장례를 치르자마자 영작과 호정 앞에서 이루어지는데 이것은 남편의 죽음을 슬퍼할 수 없는 자신에 대한 정당화이기도 하다. 그녀의 선언에는 자식을 위해서도 더 이상 아무 것도 하지 않겠다는 전통적 모성과의 단절도 포함되어 있다. 결국 바람난 동창생과 외국으로 떠나는 병한에게 섹스는 단지 육체적 쾌락으로 이르는 길이 아니었다. 그녀에게 섹스란 그것을 통한 자기에의 배려가 완전한 자아와의 만남으로 이어지는 매개적인 것이다.

「바람난 가족」의 등장인물들은 요즘 식으로 말해 '쿨(cool)'하다. 그들은 일단 경제적으로 '쿨'할 수 있는 여유가 있고 영작에게는 변호사라는 권력이 있다. 그러나 그들 각자의 내면은 채워지지 않는 육체적 욕망이라기보다는 관계에 대한 불신과 회의로 얼어붙어 있다. '쿨'이란 불신과 회의에 이르는 관계의 외로움이 세련된 위악으로 나타난 것인지도 모른다. 그들은 차가운 자신을 녹이기 위해 육체적 열정에 뛰어든다. 그리고 영화의 제목대로 가족 모두가 '바람'나는 것, 즉 육체적인 쾌락에의 '투신'이 그들 욕망의 대부분을 이루는 것처럼 보인다. 그러나 위에서 살펴본 것처럼 섹스 뒤에 가려진 진짜 욕망은 사랑을 통해 자신을 이해받고자 하는 것, 호정과 옆집 소년처럼 북한산 꼭대기에서 야영을 하며 서로의 세계를 나누는 것이다. 그리고 이 점에서 창근과 영작은 실패했으나 병한과 호정은 희망을 찾았다는 점이 중요하다.

## 한국사회, 모두를 바람나게 하는 훌륭한 핑계

한국의 가족과 그들 내부의 불화 혹은 의사소통 부재는 이미 심각한 수준에 도달했으며 그 기원은 자본주의 일반의 모순 못지않게 굴곡진 우리 현대사가 내포하고 있는 다른 문제들과 중층적으로 엮여져 있어 쉽게 설명될 수 없다. 「바람난 가족」은 바로 이 지점에서 관객에게 연기자들의 벗은 몸 대신 영화가 생산된 한국사회의 역사적이고 사회적인 맥락을 보라고 권유한다. 이 영화는 외형적인 욕망 충족 행위의 유사성에도 불구하고 등장인물들이 느끼는 소외의 맥락이 각각 사회적 함의를 갖고 있음을 알리는 사회비판적 텍스트가 된다. 등장인물 모두가 바람난 것은 바로 소외로부터의 탈출, 삶의 대안을 찾으려는 이유 때문이다.

욕망에 응답하는 솔직한 인생의 미덕에 대해 이야기하는 병한의 대안은 비교적 설득력이 있다. 그것은 그녀의 세대가 거의 전형적이었던 가부장의 권력 앞에서 침묵할 수밖에 없었다는 역사적 사실에서 비롯되며 따라서 그녀의 욕망은 억압되어 있던 것만큼이나 쉽게 해소될 수 있는 것인지도 모른다. 그러나 그녀와 달리 영작과 호정에게 억눌린 욕망은 혼외정사나 육체의 오르가즘만으로는 털어낼 수 없는 것이다. 그들은 근대와 근대 이후가 충돌하는 지점에서 주체화를 경험한 세대이기 때문에 새로운 윤리에 기반한 소통의 양식을 대안으로 삼아야 한다. 그러나 이 대안은 과거와 현재 그리고 미래를 단선적으로 연결시킴으로써 ─ 자신들의 연애에 대해 너무도 당당한 그들 부부의 태도가 보존되어야 할 것으로서의 가족의 가치를 송두리째 부정한다는 점에서─ 미래를 위해 현재를 희생하라는 근대적 명령을 거스르는 것이다.

　그렇다면 가족 외부에는 희망이 있는 것일까? 아버지와 아들의 연이은 죽음 앞에서 흔들리는 영작에게 젊고 도발적인 애인의 존재는 한순간 절대적인 것으로 떠오르지만 다른 남자와 함께 있는 그녀 또한 위로가 되지 못한다. 그러나 남편의 아버지가 토한 혈흔을 닦아낼 줄 아는 최소한의 모성을 지닌 호정에게 미래는 희미하게나마 열려 있는데, 기적적인 임신이 바로 그것이다. 물론 불임 판정을 받았던 그녀가 옆집 고등학생과의 첫 번째 정사에서 임신을 했다는 것은 영화적 작위에 불과할 수도 있다. 그러나 아들을 잃은 상실감을 동반한 정사가 쾌락의 신음에서 시작해 격한 오열로 끝이 나는 바로 그 지점, 즉 절정이 부재했던 삶에 대한 통렬한 후회가 아이의 죽음으로 상징되는 기존의 제도와 가치에 대한 전적인 부정으로 이어질 때 비로소 새로운 생명이 잉태될 수 있다는 사실은 주목을 요한다. 나아가 출산을 결정한 그녀가 남편의 재결합 의사를 받아들이지 않는다는 점 역시 영화가 제시하는 대안과 맞닿아 있다. 즉, 상호 존중과 애정이 결핍된 가족은 그 존재만으로는 아무런 의미도 획득하지 못한다는 점에서 가족의 정의를 만족시킬 수 없으며 따라서 새로운 가족의 형태가 고려되어야 하고 그에 대한 정의 또한 수정되어야 한다는 것이다.

# 새로운 남녀관계, 소통의 사랑을 위하여

## 보수적인 텍스트, 열린 의미

성 정체성 혹은 성 정치학은 이 땅에서도 더 이상 낯선 개념이 아니다. 장기간에 걸쳐 성취된 서구적 근대를 압축적으로 체험한 한국사회에서 여성 혹은 남성이라는 정체성의 형성과 그것의 현실화 역시 급격한 변화를 겪어 왔으며 그에 따른 혼란과 적응의 과정도 여전히 진행 중이다. 음양을 엄격히 가르는 전통적인 유교 원리의 지배 또한 완전히 철회되지 않았다. 사회적 참여의 차원에서 여성이 감수해야 하는 불이익의 지표들 또한 크게 개선되지 않은 것도 사실이다. 그러나 불변하는 가부장의 권위를 성토하고 여성과 남성의 차이를 단지 역전시키는 것으로 성 차별적 이데올로기와 관행에 저항하려는 시도는 차이 자체를 고착시키는 본질론적인 한계 안에 갇힐 위험이 있다는 사실 또한 환기할 필요가 있다. 변화가 시작되었다는 것을 부정하지 않는다면 문제는 그 변화를 상징적인 차원에서 전략적으로 활용하여 현실을 살아가는 남성과 여성 모두와 관련된 새로운 담론을 부단히 생산해내는 것으로 의제화되어야 한다.

한 사회 내에서 이루어지는 여성에 대한 재현은 대체로 상투화되어 있다. 이 진술은 사회의 중심에 남성이 존재하고 그 타자로 자리매김 되는 여성이 두 개의 성 사이에서 의미의 차이를 발생, 고정시키는 기능을 한다는 점에서 참이다. 이를테면 영화가 재현하는 모성은 이미지 또는 내러티브의 차원에서 여성적 섹슈얼리티를 억압하고 어머니로서의 그녀의 역할을 강조한다. 따라서 영화의 갈등은 어머니로서의 그녀가 여성으로서의 자신의 욕망을 효과적으로 억압하지 못할 때 표면화된다. 관객은 만약 그녀가 사회적으로 주어진 자신의 기능을 위반한다면 그에 상응하는 처벌이 주어질 것이라는 사실을 알고 있다.

그러나 관객의 입장에서 여성의 재현이 언제나 유동적으로 받아들여질 수 있다는 진술 역시 참이다. 한 사회는 어떤 형식으로든 구조 변동의 압력을 피해갈 수 없다. 특히 현대사회는 변화를 억제하는 구심력에 못지않게 그 반대쪽에서 작용하는 원심력에 적응하지 않을 수 없다. 성별에 따른 영화의 재현 양상에 있어서도 변화의 요소는 항존한다. 물론 움직임이 언제나 기존 권력의 전복을 추구하는 것은 아니다. 오히려 권력은 언제나 자기 밖에서 이루어지는 움직임의 기미들을 전유(專有)함으로써 지배를 더욱 공고히 하려 한다. 예를 들어 1970년대 '새마을 영화'에 나타난 여성은 국가가 호명한 범위 안에서만 사회 참여를 허용받는다. 그녀들이 아무리 마을을 위해 결정적인 역할을 수행한다고 해도 궁극적으로 그녀들은 남편과 자녀, 공동체의 인준에 의해서만 가치를 부여받을 수 있는 것이다. 즉, 영화에 있어서 여성의 재현은 지배의 필요에 의해 남성적 가치를 강화 또는 보완한다는 측면에서 유동적이라고 볼 수 있다. 그러나 이와 같은 해석 또한 유일한 것은 아니다. 남성의 특권이 어느 사회이건 일정 지분을 확보하고 있는 것은 사실이지만 그들 역시 구조 변동의 격랑 속을 표류하는 존재이다. 따라서 그들의 시선으로 포착한 여성과 그 재현은 자신들의 존재론적 불안을 투영할 수밖에 없다. 여기서 진정한 변증적 해석의 순간이 열린다. 우리는 여성의 재현을 전적으로 남성에 의해 기획된 것으로 볼 필요도 없으며 설혹 사전에 의도된 재현이라 할지라도 불안정한 현실과 재현의 게임 속에서 해석의 틈새를 벌릴 수 있다는 믿음을 가져야 한다.

## 당대적 목소리에 귀 기울이며 거꾸로 읽는 맹랑함

대중영화에 나타난 여성의 재현은 해당 시기에 잠재적으로 존재했던 지배적인 혹은 남성적인 가치의 반영인 동시에 그들의 불안을 드러낸다는 관점이 유용할 것이다. 이러한 관점에서 「자유부인」과 「애마부인」 시리즈는 영화와 한국사회를 이어주는 귀중한 자료가 아닐 수 없다. 실제로 한국영화 100년사 어디에서도 여성을 주인공으로 동일한 제목 아래 유사한 소재를 수차례 반복해 이야기한 예는 존재하지 않는다. 이것은 아마 다른 나라의 영화사에서도 진기한 현상일 것이다. 물론 하나의 문화적 기호로 자리 잡은 제목을 통해 대중의 공감대를 손쉽게 자극하여 상업적 이득을 얻으려는 의도는 아무리 강조해도 지나치지 않을 것이다. 그러나 「자유부인」과 「애마부인」 시리즈가 상업적 감각을 자극할 수 있었다는 사실은 그 자체로 사회적인 의미가 된다. 즉, 여주인공들이 시리즈를 통해 지속적으로 드러냈던 욕망은 남성적 시선에 의해 재현되었다고 하더라도 '끝나지 않는' 의미의 잔여를 남겼으며 관객과의 공감 형성에 성공했기 때문이다.

이 책의 논의에서는 누락되었지만 1970년대의 여성영화들도 유사한 맥락에서 재해석이 가능하다. 기존의 한국영화사는 1970년대 여성영화를 호스티스물로 격하시키면서 이들 영화의 당대적 의미를 재구성하는 데 소홀했다. 박정희 정권의 파시즘적 문화정책이 정치사회적 발언이 담긴 영화들을 극도로 검열하는 동시에 성애와 관련된 영화적 표현에는 비교적 관대했다는 것은 역사적이고 경험적인 사실에 속한다. 텔레비전과의 경쟁에서 활로를 마련하고자 했던 영화산업이 매춘여성을 소재로 삼았다는 것도 일리가 있다. 그러나「영자의 전성시대」나「별들의 고향」「겨울여자」등은 이미 대중소설로서 당대 최고의 인기를 구가했던 작품의 영화적 변형이었다. 대중을 매체가 전하는 의미를 능동적으로 해석하고 스스로 주체 구성을 지향하는 존재로 본다면 대중적 인기를 모은 텍스트는 그들 삶의 희로애락과 좌절 그리고 열망의 단서를 찾는 중요한 열쇠가 된다. 이러한 측면에서 1970년대 영화의 여성 주인공들은 단지 남성에게 예속당한 존재가 아니라 서구적 근대화로의 구조변동이 가시적 결과로 드러난 시대를 살아가며 분열할 수밖에 없었던 여성을 상징하는 아이콘이라고 볼 수 있다.

1990년대 들어 나타난 로맨틱 코미디에서 여성의 사회적 참여는 두드러지게 나타난다. 주인공 여성들은 보조적인 지위에서 벗어나 자신의 목소리를 내며 그녀들의 섹슈얼리티는 보다 자유롭게 표현된다.「엄마에게 애인이 생겼어요」의 은재는 전문직 종사자이며 윤수의 섹스는 능동적이다. 감정과 제도 사이에서 모순적인 항해를 거듭하던 은재가 결국 가정을 택함으로써 가부장적 질서의 승리를 보여주는 것이 이 영화의 결론이다. 그러나 불륜을 성애적 욕망의 과잉과 죄의식, 자학과 가학의 드라마로 그려왔던 과거의 관습은 1990년대 영화에서 일정하게 청산된다. 바람기는 이제 현실 도피적 쾌락이 아닌 일상적 자아와 연관되면서 여성의 정체감 문제와 강력하게 결합되는 것이다.

「정사」와「해피엔드」는 로맨틱 코미디의 여성상과 남녀관계의 관습을 서로 다른 방향으로 계승한다. 여성에게 주어진 현실의 억압을 자아의 무력감과 연결시킨 뒤, 낭만적 사랑에의 각성을 통해 최초로 스스로의 욕망에 눈뜨게 되는 「정사」의 서현은 집을 나간다. 가족이라는 제도가 결코 만족시켜 주지 못했던 그녀의 정체감이 적당한 타협과 확연히 거리를 두면서 재구성의 기회를 갖게 되는 것이다. 그런가 하면 「해피엔드」는 보수적 이데올로기의 손을 들어주고 있는 것처럼 보인다. 강력한 섹슈얼리티로 남성에게 통제되지 않는 여성을 처벌하는 것으로 갈등을 봉합하고 있기 때문이다. 그러나 이 영화에서도 강조되는 것은 여성의 실패보다는 남성의 좌절과 실패이다. 자신의 존재를 승인하고 지지해 주는 여성 시선의 결여가 여성과의 공조가 더 이상 가능하지 않다는 인식으로 이어질 때, 변화에 적응할 능력이 없는 남성들에게는 극심한 혼란과 좌절이 찾아온다. 어떤 식으로든 1990년대 후반의 멜로드라마는 이전의 로맨틱 코미디와는 달리 가족의 해체와 가정의 붕괴라는 현실을 보여주는 셈이다.

「주노명 베이커리」는 커플을 바꿔 권태로운 결혼 생활의 출구를 마련하고자 하는 평범한 이들의 판타지이다. 흥미로운 설정에도 불구하고 이 영화가 대중적 반향을 불러일으키지 못한 것은 도식적 수준에서의 현실 인식 때문이다. 게다가 이 영화의 급작스런 반성과 가정으로의 복귀는 낭만적 사랑에 대한 노명의 내레이션을 배반한다. 결국 감정과 제도의 충돌이 여전히 그 내밀한 풍경을 드러내지 못한 채 피상적 수준에서 표류하는 것 역시 허약하나마 한국사회의 구조를 지탱하는 힘이라는 것을 이 영화가 확인시켜 주는 것이다.

가장 최근의 영화인 「바람난 가족」은 확실히 위의 영화들과 차별되는 새로운 담론 형성에 뛰어든다. 육체적 쾌락의 절정이 자아의 성찰과 연계되며 나아가 미래를 기획하는 근거를 마련한다는 설정은 한국영화에서 보기 드문 시도이다. 물론 개인적 차원의 쾌락과 그것에서 촉발된 주체화는 단지 시작일 뿐이다. 이런 맥락에서 사회적 불이익을 감수하며 임신한 채 이혼을 결행하는 호정은 매우 선구적인 인물로 기억될만하다. 남성의 입장을 대변하는 구조로부터 주어진 젠더 정체성과 섹슈얼리티의 억압을 벗어던진 그녀를 가정 붕괴 범죄의 피고로 재판정에 소환할 수 있을까? 이 영화는 호정을 옹호하기 위해 그녀의 남편 영작을 매도하지도 않는다. 영작 역시 자신을 드러내고 이성과 소통하는 기술을 습득하지 못한 동시대 남성들의 특성을 공유하고 있을 뿐이며 사실 많은 한국의 남성들은 자신의 권력을 가면으로 맨 얼굴을 숨겨 왔다. 문제는 더 이상 여성들이 그들과의 공모를 지속하려 하지 않는다는 데 있다. 이것은 여성들 개인의 특수한 상황에서 비롯된 결단이라기보다 한국사회가 도달한 현재의 모순을 반영한다.

## 더 이상 남성과 공모하지 않는 여성들

근대로의 이행과 함께 근대의 감정적 지지물로 고안된 낭만적 사랑을 추구의 대상으로 인식해 온 여성들이 노선을 변경하고 있다. 해방의 약속으로 믿어왔던 근대의 약속이 오히려 교묘한 억압임을 알아차린 여성들이 자기의 서사를 새로 쓸 결단 앞에 서게 된 것이다. 이 결단에서 남성을 배제시킬 필요는 없다. 어차피 남성 주체 또한 그들이 주도했던 역사로부터 상처받았으며 여성의 존중이 담긴 시선은 그들에게도 삶을 의미 있게 만들어주는 필요조건이다. 변화해야 되는 것은 서로를 바라보는 시선의 성격을 재구성하는 것이다. 그리고 출발은 하버마스(J. Habermas)가 말했던 생활세계 내에서의 의사소통의 가능성에 도전하는 것이다.

하버마스에 의하면 생활세계는 일상적이고 문화적인 세계를 지칭한다. 그것은 과학적으로 이론화될 수는 없지만 나름대로의 성찰 작용이 이미 개입된 세계로 이 안에서 모든 지배와 억압으로부터 자유로운 삶을 건설하기 위한 의사소통 행위가 이루어질 수 있다. 경쟁을 통한 효율의 극대화의 논리가 지배하지 않는 세계의 가장 기초적인 모형은 가정일 것이다. 가정의 정서적 기능을 강조한 전통적 정의 또한 위와 같은 전제를 내포하고 있음은 물론이다. 따라서 가정은 의사소통의 합리성을 증진시킴으로써 상호 간의 공통된 이해에 도달하는 훈련을 쌓아가는 장으로 재구성되어야 한다. 소통의 가능성이 타진되고 그것이 관계를 지속시키는 근거로 기능할 때 또 다른 변화가 있을 수 있다. 암암리에 결혼 생활이 억압한다고 여겨져 온 섹슈얼리티의 해방이 그것이다.

이것은 반드시 여성에게만 해당되는 이야기가 아니다. 제도로부터 규율되지 않아도 되는 섹슈얼리티는 스스로에 대한 검열에서 자유로울 수 있으므로 부부 간의 섹스는 둘만의 사적 경험을 확장시키는 쪽으로 새롭게 실험될 수 있다. 이렇게 되면 여성은 물론 남성 역시 자신이 섹스를 주도하거나 의무 방어를 해야 하는 삽입 성교의 억압에서 벗어날 수 있을 것이다. 기든스(A. Giddens)는 이와 관련해 보다 생성적인 개념으로서 조형적 섹슈얼리티(plastic sexuality) 개념을 제안하고 있다. 이 개념을 받아들인다면 고정된 성 역할로부터의 탈주에서 시작해 섹스 자체에서의 새로운 시도까지가 모두 가능하게 된다.

우리는 앞의 영화들을 통해 등장인물들의 바람기를 살펴보면서 가정의 주체인 부부들 간에 의사소통을 행한 노력이 거의 전무하다는 사실을 확인했다. 결혼에 이르기까지 대부분의 커플들은 사랑이라는 감정의 교류를 경험했을 것이다. 그런데 결혼 이후의 삶은 어떤가? 결혼은 흔히 연애의 무덤이라고 한다. 이 말은 단지 열정적인 감정의 소멸만을 언급하는 듯하다. 그러나 감정의 소멸은 단지 동물적 차원에서 발생하는 자연스러운 결과만은 아니다. 결혼의 한 측면은 흔히 윤리나 관습에 의지해 '도리'라는 이름으로 여성을 억압한다. 본인의 의지와 무관하게 사회적 주체로서 이 억압의 공모자가 된 남성은 태어날 때부터 윤리와 관습의 보호 아래 있었으므로 자기 곁의 이성이 겪는 소외감을 알지 못한다. 따라서 이제 상호 교류하는 감성적 삶은 종결되고 건조한 일상만이 남는다. 지배자로서의 남편이 아무리 아내를 사랑한다고 해도 그것은 약한 자를 보호하고자 하는 감정에 가깝다. 결과는 파국이다.

그렇다면 영화 속의 여성들이 남편을 버리고 새로운 사랑의 서사를 함께 써내려 간 연인들은 누구인가? 그들은 대개 아버지의 법, 다시 말하자면 지배 질서에 쉽게 편입되지 못한 인물들이다. 이것은 달리 말하자면 그들이 남성의 공간인 공적 영역의 관리자가 아니라는 뜻이다. 이러한 그들의 존재 조건은 그들이 사적 영역에 근접할 수 있는 길을 터준다. 실제 영화 속에서 그들은 여성을 차지하지 못하지만 중요한 것은 역설적이게도 그들이 여성과 정서적/육체적으로 대화할 수 있는 새로운 남성성의 모형을 제시한다는 점이다. 자신의 나르시시즘을 만족시키기 위한 착취적 관계가 아니라 연인으로서 여성을 유일하고 특별한 존재로 바라봐 주는 그들의 시선은 부분적으로 평등한 관계를 위한 선취 조건이 된다.

앞에서 논의한 영화들은 대부분 여성의 바람기를 다루고 있다. 이러한 영화들을 선택한 것은 필자의 주관적 판단에 기인하는 것이 아니다. 실제로 바람난 남성을 문제적으로 다루는 영화는 거의 없다. 남성의 바람기를 일상적인 것으로 치부해 영화적 재현의 범위 안에 포함시키지 않아 온 관습 탓이다. 남성의 불륜이 전면적인 문제가 된다면 그것은「미워도 다시한 번」시리즈나「사랑하는 사람아」시리즈와 같이 불륜으로 태어난 아이의 혈통이나 양육 문제를 둘러싼 갈등을 다룰 때이다. 실제로도 남성의 외도는 지나가는 것으로 여겨지는 반면 여성의 혼외정사는 치명적으로 받아들여지는 경우가 많다. 그러나 그것은 가까스로 자신을 지탱하기 위해 안간힘을 쓰는 낡은 담론의 영향력이 잔존한 결과일 뿐이다. 남성이 외도를 한다면 그 대상은 당연히 여성일 것이고 그 여성이 반드시 독신일 수는 없지 않은가? 애써 외면하려 해도 애인이 사는 오피스텔의 복도를 걸어가며 상념에 잠겨 있는 여성이 누군가의 아내일 가능성은 적지 않다. 사랑이 식었다는 것이 이혼의 가장 설득력 있는 사유가 되는 서구에 비해 우리사회에는 결혼과 이혼에 관한 이중 잣대가 존재한다. 이 결과, 혼외정사의 대상은 연인이 아니라 정부로 명명되며 바람난 사람들의 사랑은 육체적 열정만으로 환원된다. 그러나 이제 타자를 식민화하지 않고 진정 사랑할 수 있는 방법을 모색할 필요가 있으며 불륜의 사회학 역시 그 모색을 위한 논의의 과정에 적극적으로 도입되어야 할 것이다. 남녀관계의 은밀함과 욕망의 상호 작용을 보여주는 대중영화가 의미를 가지는 까닭이 바로 여기에 있다.

**영화로 보는 불륜의 사회학** 「자유부인」에서 「바람난 가족」까지

초판발행 2005년 3월 10일 ┃ 2쇄발행 2007년 7월 5일
지은이 황혜진
펴낸이 심만수 ┃ 펴낸곳 (주)살림출판사
출판등록 1989년 11월 1일 제9-210호

주소 413-756 경기도 파주시 교하읍 문발리 파주출판도시 522-2
전화번호 영업・(031)955-1350   기획편집・(031)955-1357
팩스 (031)955-1355
이메일 salleem@chol.com
홈페이지 http://www.sallimbooks.com

ISBN 89-522-0348-8 04080
      89-522-0096-9 04080 (세트)

값 3,300원